13歳からの「学問のすすめ」

福澤諭吉／齋藤孝 訳・解説
Fukuzawa Yukichi　Saito Takashi

★——ちくまプリマー新書
284

目次 * Contents

イラスト・MICANO

はじめに

「天は人の上に人を造らず、人の下に人を造らず」

みなさんもどこかで聞いたことがありますね。これは福澤諭吉《ふくざわゆきち》が書いた『学問のすすめ』という本の最初に出てくる言葉です。

この本は一八七二（明治五）年から四年にわたり、一七編まで出されています。一八七二年に初編が出たとき、評判がよかったので次々と出していき、当時の大ベストセラーになりました。全一七編の合計が三五〇万部も売れたといいます。

当時の日本の人口はいまよりずっと少なく三五〇〇万人ほどですから、いまでいうとちょうど一〇〇〇万部ぐらいのベストセラーになるかもしれません。一〇人に一人が買って読んでいるイメージですね。実際には一冊の本を回し読みしますから、かなり多くの人がこの本の影響を受けたことになります。

『学問のすすめ』に書かれているのは、もちろんタイトル通り「勉強するといいよ」ということですが、なぜ勉強しなければいけないのかというと、一人ひとりが独立した人にならなければいけないからだ、と福澤諭吉は言っているんですね。この「独立」ということが彼が一番言いたかったことなんです。

日本はそれまでずっと鎖国をしていて、国の中だけでまとまっていました。でも新しい時代の流れが押し寄せ、西洋の国々がいろいろなところを植民地化するようになったんです。

中国（清《しん》）も一八四〇年から二年間のアヘン戦争により、苦境に立たされています。このままでは日本も他のアジアの国々のように植民地化されてしまうかもしれません。「このままでは日本が危ない！　文明が進んでいる西洋にならい、日本も近代的な独立国家にならなければいけない」という気運が高まって、明治維新になりました。

でも明治時代になったとはいえ、近代の新しい日本をつくっていくのは大変な課題でした。そこで福澤諭吉は「人はみな平等なんだ」ということを訴えたんです。

「江戸時代までは士農工商という身分制度があったけれど、これからはそういう差もないんだよ。もし差があるとすれば、それは学んだかどうかによってできるものなんだよ。

責任の重い仕事ができるようになるためには、勉強しなければならない。いろいろなことを知り、自分で試さなければならない。**一人ひとりが独立し、勉強する人間になれば、国全体も強くなり、他の国から攻めてこられてもちゃんと守ることができるんだよ」**

福澤諭吉はそう言ったわけです。**私たちはどう生きるべきなのか。この国はどうすれば独立を保てるのか。この本では、これらの問題をセットで論じています。**

私がとくに強調したいのは、福澤諭吉が言っていることがいまの時代にもほぼそのまま当てはまるということです。

初編は明治五年に発表されているわけですから、もう一五〇年たつわけですが、そこで見通している視野は非常に広く、しかも要所要所で当たっています。

いまの時代、どのように生きたらいいのか。あるいはこの社会、国をどうしていけばいいのか。そう考えるとき、この本はいまでも非常に参考になります。

二〇一六年からは選挙権を持つ年齢が引き下げられたので、みなさんも一八歳になれば選挙に行けます。民主主義に参加し支える人を、「主権者」と言いますが、「国民主権」は憲法で定められている日本社会の基本です。この基本を実践するためには、一人ひとりが世の中のことを理解し、判断力・行動力を持った民主的な主体、つまり「主権者」になる必要があります。

私が高校生だった頃は、自分たちが選挙に行くことなど想像もできませんでした。「主権者」になるのはそのぐらいドキドキすることなんです。みなさんもまずはこの『学問のすすめ』を読んで、「主権者」になる心構えを身につけましょう。**これを読めば民主主義、さらには国を支えていくにはどうすればいいかがよくわかります。**

この本の文章には福澤諭吉の魂のメッセージがこめられています。「みんなで学んで独立し、新しい社会をつくろう！」。彼のような偉大な人物が自分の肉声で、そのような熱いメッセージを語っているんですね。

実際には文字で書かれていますが、あたかも肉声が聞こえてくるような文章が特徴です。当時の人たちはこの本を読んで、気持ちが明るく強くなりました。なぜなら、福澤諭吉がくり返し、「もう時代は変わったんだ。出自にかかわらず、自分の道を選ぶことはできるよ。勉強さえすれば、どんなものにもなれるんだ」と励ましてくれたからです。

さらに本の中には面白いジョークも出てきます。たとえば勉強だけやっても、実生活に役立たせない人については「それじゃあ文字の問屋《とんや》になっちゃうよ」「飯を食う字引になっちゃうよ」と言ったり、人と幅広く付き合わなくてはいけないというときに、「人の世の中は鬼や蛇《じゃ》ばかりじゃないんだよ。旅先で倒れても、どこかで付き合いがあった人が介抱してくれることもあるんだから」と書いたり、権力について「お相撲《すもう》さんみたいに力の強い人がふつうの人の腕をねじ曲げたらいけないでしょ? 権力者が弱い立場の人を強引にいじめるというのは、そういうことなんだ」など面白い言い方がたくさん出てきます。この本でも、そういうところは残すようにしました。

また今回は本の内容がわかるように、イラストを付けてみました。イラストを見れば、「ああ、こういうふうになっているのか」ということがすっきりわかると思います。さらに解説では私なりの視点で面白いところをピックアップし、有名な原文をキーセンテンスとして付記してあります。

私は以前、現代語訳をしたことがありますが、今回は若い読者を念頭によりわかりやすくまとめています。みなさんもこの本を読んで、独立した人間になり、民主主義を支える立派な「主権者」になってください。

初編　学問には目的がある

【福澤諭吉からのメッセージ】

学問のあるなしで、人生の差がつくことが多いんだよ

【本編の要点】

人はみな平等に生まれてくるが、学問のあるなしによって差が生まれる。だから社会で役立つ学問を学ばなければいけない。学問のある国民が多ければ、その国は平和で安定したものになる。私たちは一人ひとりが学問して、きちんとした社会をつくっていくことが大切である。

〈天は人の上に人を造らず。けれど、人には差がある〉

〈国民のレベルが高ければ、国も安定する〉

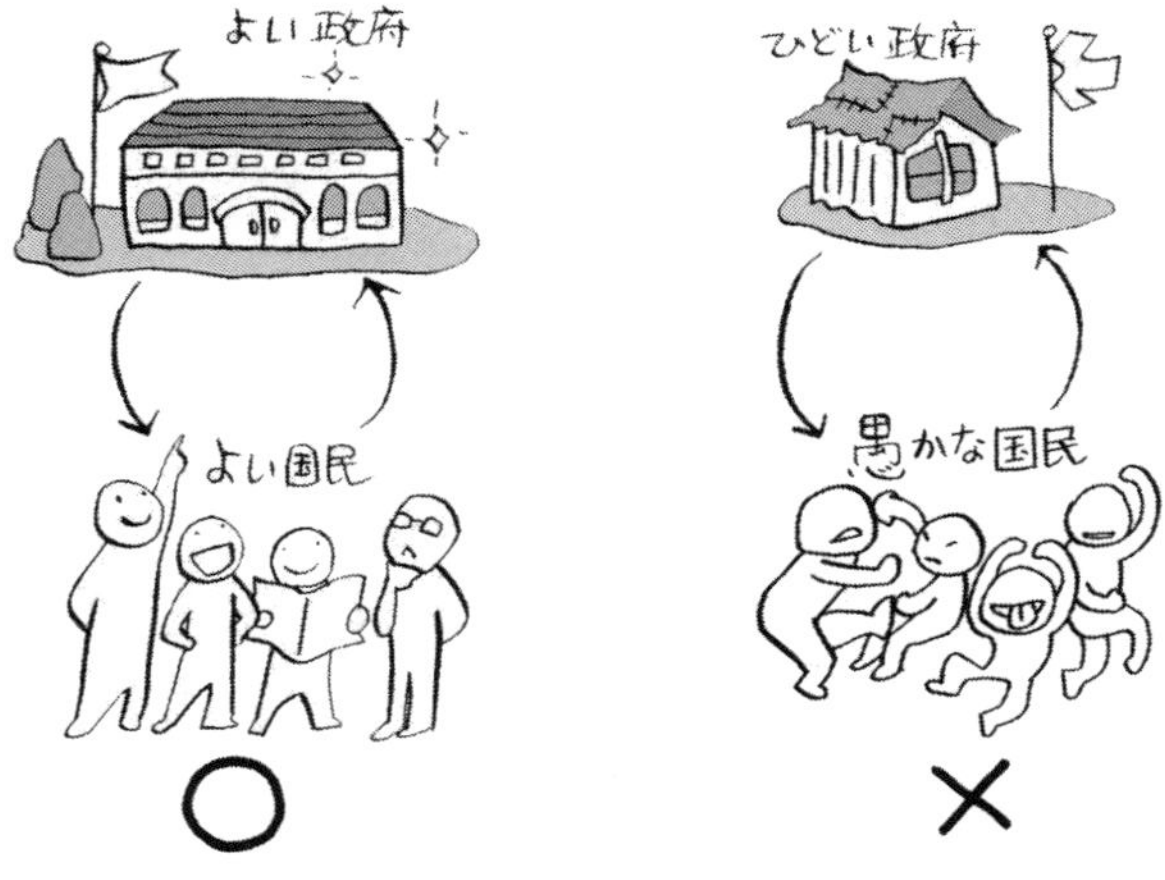

平等な世の中だから学問が大事なのだ

「天は人の上に人を造らず、人の下に人を造らず」といわれています。**天が人を生みだすときは、だれもが同じ権利を持ち、生まれによる身分の上下などはありません。**みんなが自分の身体と心を働かせて、いろいろなものを利用して衣食住を満たし、人の邪魔をしないで自由に過ごせるように天はしてくれています。

でも現実の人間の世界を見渡してみると、賢い人もいれば愚かな人もいます。貧しい人もいれば金持ちもいます。地位の高い人も低い人もいます。こうした雲泥の差ともいえる違いはどうしてできてしまうのか。その理由ははっきりしています。

『実語教』という本に「人は学ばなければ智《ち》はない。智のないものは愚かな人である」と書かれています。**賢い人と愚かな人の違いは学ぶか学ばないかによって決まるのです。**

世の中には難しい仕事も、簡単な仕事もあります。難しい仕事をするのは地位の高い人であり、簡単な仕事をするのは地位の低い人です。心（頭脳）を働かせる仕事はだいたい難しく、手足を使う力仕事は比較的簡単です。

社会的地位が高く、重要な人であれば、自然にその家も富み、下のものから見れば手の届かない存在に見えるかもしれませんが、そのもとを見ていくと、学問の力があるかないかという違いがあるだけです。だからその差は生まれつきの才能や、身分によるものとは限りません。

西洋のことわざに「天は富を人に与えるのではなく、人の働きに与える」という言葉があります。生まれたときには貴賤《きせん》、貧富の区別はありません。ただ、しっかり勉強をして物事をよく知っている人は社会的に地位が高く豊かな人になる。いっぽうで学ばない人は貧乏で地位の低い人になるということです。

実用性のある学問を学ぼう

ここで私が言っている学問とは難しい字を知っているとか、昔の和歌を知っているとかいうことではありません。そういう実用性のない学問のことではないのです。

たしかに昔の文学も人の心を楽しませてはくれますが、それほどありがたがることでもありません。なにしろ漢学者で社会生活の上手《じょうず》な人は少なく、和歌が上手《うま》くて商売上手という人もまれです。

私が言っている学問とは、役に立つ学問です。実用に役立たない学問のことではありません。実用性のない学問はとりあえず後回しにして、私たちが一生懸命勉強しなければならないのは実際の生活に役立つ「実学《じつがく》」です。

たとえば文字を習い、手紙の書き方や計算の仕方、そろばんのはじき方やものの量り方を学ぶことは大切です。

また地理学は、日本だけでなく世界中の国々の風土を学べます。物理学は宇宙のすべての性質を見て、その働きを知る学問です。歴史学は世界の歴史のありさまを研究します。経済学は、個人・家庭の家計から世の中全体の会計・経済までも説明してしまうものです。修身学は行動の仕方、人との交わり方、自然の道理を述べたものです。

こうした実用的な学問を勉強するときは、西洋の書物を翻訳したものを調べ、できるだけわかりやすく自分の言葉で理解することが大切です。さらに学問の才能があるなら、翻訳されたものではなく原文そのものを読むのがいいでしょう。

実用的な学問では、事実を客観的に見極め、物事の道理を学んで、いま現在必要な目的を達成することが大切です。こうした学問は身分の上下にかかわらず身につけるべきものです。**実用的な学問を学んでこそ、個人として独立し、家も独立し、国家も独立することができます。**

義務を果たしてこそ自由である

学問をするならまず、自分は何をしなければならないかを知ることが大切です。生まれたときは、人は何ものにも縛られず自由です。しかし自由ばかりを求めて大きくなり、自分の義務というものを知らなければ、わがまま放題の人間になってしまいます。

その義務とは「天の道理にしたがって他人の害になることをしない。そのうえで個人の自由を獲得する」ことです。自由とわがままの境目は「他人の害になることをするかしないか」にあります。

たとえば「自分のお金を使うのだから何をやってもいい」と思うかもしれませんが、実際にはそうではありません。誰かがやりたい放題をやり、悪いことにお金を使うと、他の人の悪い手本となってしまいます。その結果、世の中全体の空気を乱してしまうのです。たとえその人のお金であっても、悪いことにお金を使ってはいけません。それは人としての義務です。「他人の害になることはしない」という言葉の中には、そういうことも含まれます。

国同士にも自由や独立の問題がある

さて、自由・独立とは個人だけでなく、国家においても問題となることです。日本はアジアの東にあり、しかも長い間鎖国をしていたので、外国と交わりを結ぶことはあまりありませんでした。ですからそれまでは、自給自足をしていましたが、一八五三年、五四年と、アメリカからペリーが来て外国との交わりがはじまり、今日《こんにち》に至っています。西欧諸国といっても、日本と同じ天地にあります。同じ太陽に照らされ、同じ月を眺め、海も空気もともにし、人情が通い合う人間同士です。こちらで余っているものは向こうに渡し、向こうで余っているものはこちらにもらう。お互いに教え学び合い、恥じることも威張ることもない。**互いの便利になるようにし、ともに幸福を目指すことが大切です。**

不満があるならきちんと抗議しよう

明治維新以来、日本の政治スタイルは大きく変わりました。国際法をもって外国と交わり、自由独立という方針を示しています。平民は以前持っていなかった苗字《みょうじ》を持ち、馬に乗ることができるようになりました。つまり士農工商という身分がなくなって、みな同等になる基礎ができたわけです。

もう生まれつきの身分などありません。その人の才能や人間性、社会的な役割によって地位が決まっていきます。

江戸時代は上の者はいばり、下の者は卑屈になる。そういう見苦しい社会の空気ができあがっていました。でもそれは内容のないただの空威張りです。

いまの時代では、こういう見苦しい社会的な空気はないはずです。みな安心して過ごし、**もし政府にたいして不平があるなら、我慢して政府を恨むより、抗議の手段をきちんと取って、遠慮なく議論をするのが筋です。**天の道理や当たり前の人情に合っていることなら、命をかけてでも争うのが当然です。これが国民のなすべき義務というものです。

自由を妨げる者には恐れないで行動しよう

ひとりの人間もひとつの国も、もともと縛られることなく自由なものです。もし一国の自由を妨げようとするものがあれば、世界のすべての国を敵にしても恐れることはありません。個人の自由を妨げようとするものがあれば、誰にたいしても遠慮することはありません。ましてや四民平等の基本もできたので、安心して天の道理にしたがい、思う存分に行動するのがいいでしょう。とはいえ人それぞれに役割や才能があります。才能や人間性を身につけたいと思うなら、物事の筋道を知る必要があります。それを知るためには、まず文字を勉強して、学問を身につける必要があります。

平民の出身であっても人物が優れていれば、どこまでも社会で重要な仕事ができるようになります。自分の役割をきちんと認識し、卑《いや》しいことはしないようにしましょう。

国民のレベルが高ければ国も安定する

世の中で学問のない国民ほど、哀れで憎むべきものはありません。知恵がなくなると、恥を知らなくなります。無知なことで貧乏にもなってしまいます。経済的に追い込まれていくと金持ちを恨んだり、集団で乱暴を働くこともあります。それは恥知らずな、法を恐れない行為です。

自分は法によって守られているのに、法律を守らないのはおかしなことです。自分は教育を受けているのに、自分の子どもや孫に教育を受けさせないのもだめです。きちんとした教育を受けなければ、子どもは愚かになってしまいます。

そういう愚かな人たちはやりたい放題をするようになり、先祖から受け継いだ財産もすぐになくしてしまいます。

西洋のことわざに「愚かな民の上には厳しい政府がある」という言葉があります。**民が愚かであれば、政府は厳しく取り締まらないわけにはいきません。逆に国民のレベルが上がれば、政府もよいものになっていくはずです。**

国民のレベルが落ちて学問がなくなると法律はいっそう厳重になり、取り締まりも厳しいものになるでしょう。そうではなく国民が学問を志し、物事の筋道を理解し、教養を身につけるならば、国民を縛るような法律はそれほどなくて済むはずです。

大切なのは国民が学問を修めてきちんとした人間になり、徳を身につけることです。いまの世の中に生まれた人が国をよくしようと思うなら、それほど悩む必要はありません。**自分の行動を正しくして熱心に勉強し、広く知識を得る。それぞれの役割にふさわしい知識や人間性を備え、この国の平和と安定を守ることが大切なのです。**

私が勧めている学問というのも、ひたすらこれを目的としています。

◇

【解説】

初編の「天は人の上に人を造らず、人の下に人を造らず」という言葉はとても有名ですね。みなさんはこればかり覚えていますが、実は福澤諭吉《ふくざわゆきち》はこの初編で、大切な四つのことを述べているのです。

〔その一〕　みな同じ権利をもっているはずなのに、実社会ではけっこうな違いがあります。その差は学問をちゃんとしたかどうかで決まっています。

〔その二〕　頭でっかちの学問ではなく、ふつうの生活に役立つ学問（これを「実学」

といいます）をしましょう。そしてそれを自分でも活用しましょう。
〔その三〕　自由とはわがままではありません。人に害を与えないように自分の権利にもとづいて行動することが本当の自由です。
〔その四〕　国の独立が大事です。同じ人間同士なのだから、他国を恐れることはありません。また政府や上のものに不平があったら、しっかり抗議しましょう。国民がきちんとしないと、ひどい政府ができてしまいます。でも私たちがしっかり勉強し、きちんとした人間になれば、国も平和で安定したものになる。

西洋の学問がまだそれほど入っていなかった時代に、この本は「どんどん勉強して西洋の社会にあるものを学び、日本を近代化させよう」と高らかに宣言しました。この本はベストセラーになり、みんなが読んで、学問の大切さにめざめました。日本人にとても大きな影響を与えた一冊だったといえます。

【キーセンテンス】

賢人と愚人との別は、
学ぶと学ばざるとに由《よ》って出来《いでく》るものなり

（賢い人と愚かな人との違いは学ぶか学ばないかによってできるものである）

第二編　人間の権利とは何か

【福澤諭吉からのメッセージ】

人はみな平等で同じ権利を持っているんだ

【本編の要点】

人間は平等で、たがいに尊重しなければならない基本的人権をもっている。だから権力をもった人が弱い立場の人をいじめるようなことがあってはいけない。政府と人民も対等な関係にある。国を動かしているのは自分たち人民であり、これが民主主義というものである。

〈他人の権利を侵害してはいけない〉

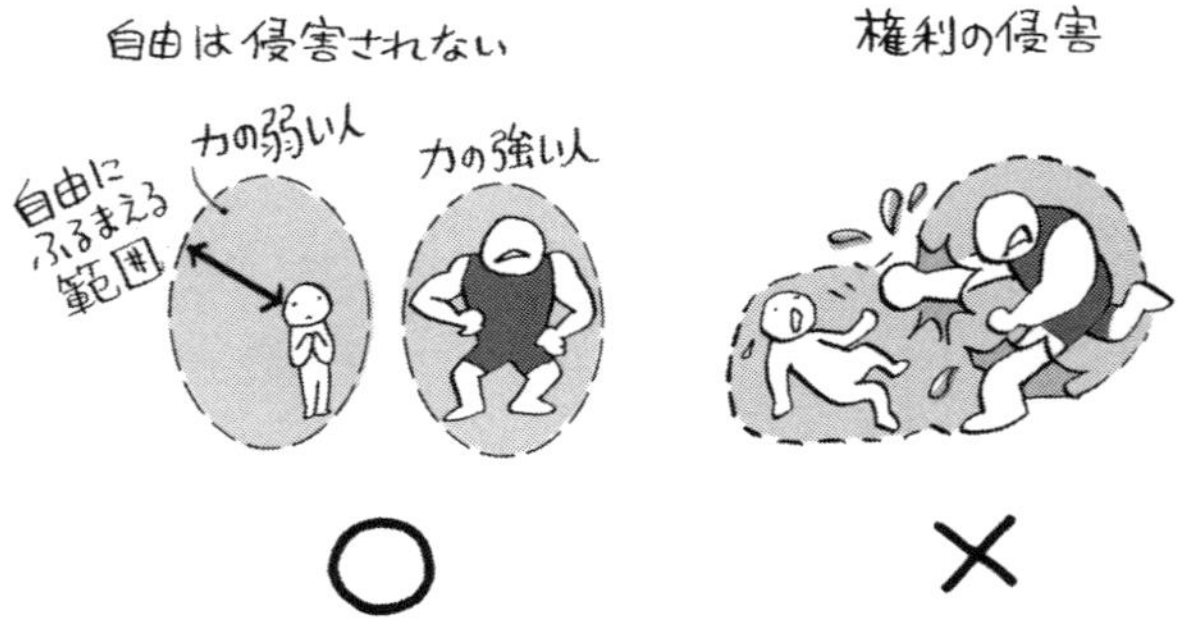

〈政府と人民は対等だと考えよう〉

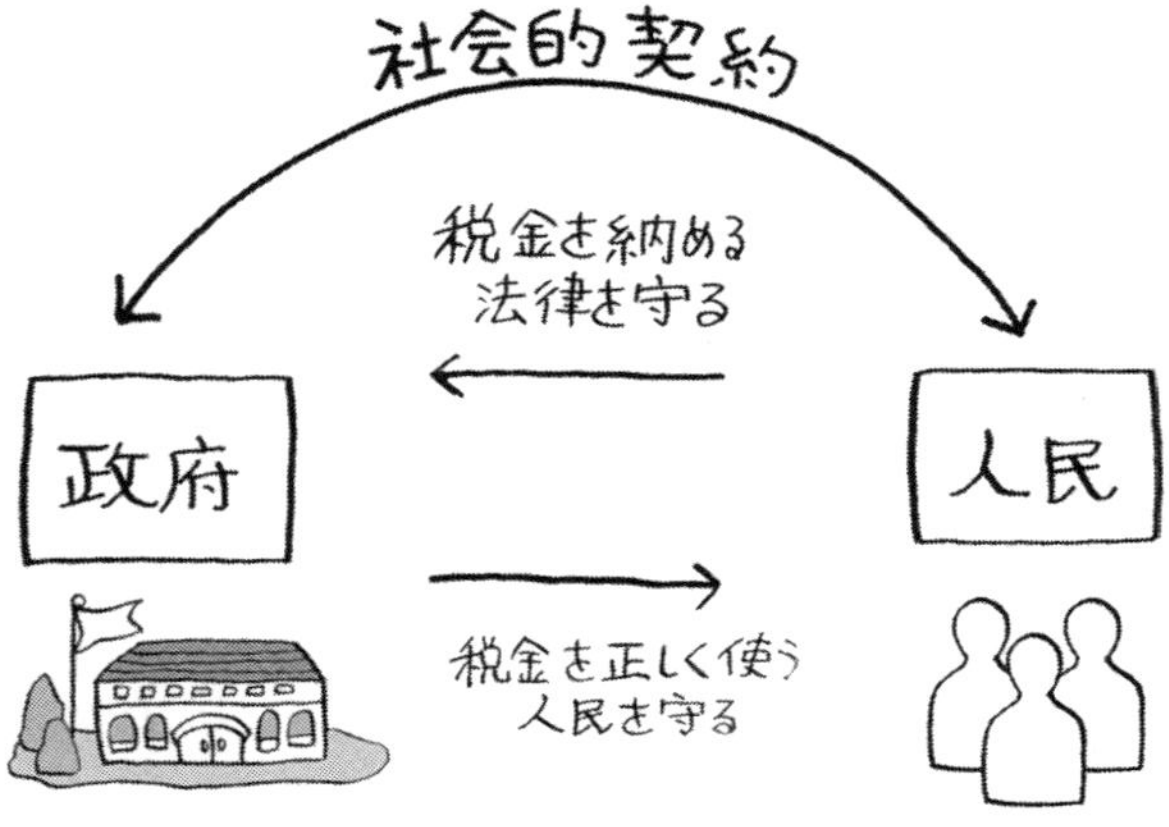

《学問とは何か》

役に立たせてこそ学問

学問には精神を扱うものと、物質を扱うものがあります。たとえば修身学、宗教学、哲学などは精神を扱い、天文学、地理学、物理学などは物質を扱うものです。これらの学問の目的は、知識・教養の幅を広げ、物事の道理をきちんとつかみ、いかに生きるべきかという使命を知るのが目的です。

知識・教養を広く求めて身につけるためには、人の話を聞いたり、自分で工夫《くふう》をしたり、書物を読むことが大切です。だから、ただ文字を知っていて読めればいいというものではありません。

文字は学ぶための道具に過ぎません。これはたとえば、家を建てるのに金槌《かなづち》や鋸《のこぎり》といった道具が必要なのと同じです。しかし道具がそろっても、その使い方や家の建て方を知らなければ意味がありません。文字を知っていても、内容を理解し、物事の道理がわからないなら、勉強したとはいえないでしょう。「論語読みの論語知らず」とは、まさにこのことをいっています。『論語』を読めてもその内容をしっかり理解し身につけなければ、役に立たないのです。

さらに、『古事記』を暗誦《あんしょう》しているけれども、いまの米の値段を知らないのでは実生活に疎い人間になってしまいます。古い書物に書かれていることは知っているけれど、いまのビジネスのやり方を知らず、ちゃんとした取引ができないのなら、経済に弱い人になってしまいます。何年も高い学費を払って学問をしているのに、独立した生活ができないのでは、いまの世の中に必要な学問を身につけていないことになります。そういう人はただの文字の問屋《とんや》、飯を食う字引です。国のためには役に立たないタダ飯食いと言っていいでしょう。

実生活も学問であり、実際の経済も学問です。世の中の流れを察知することも学問です。ただ本を読んでいるだけでは、学問をしているとはいえません。

《人間は平等である》

他人の権利を侵害してはいけない

この本の冒頭で「人はみな同じ権利を持ち、身分の上下はなく自由自在に生きることができる」と述べました。人がこの世に生まれるのは天によるものであり、人の力ではありません。人々がお互いに尊敬しあい、それぞれ社会的な役割を果たして互いに迷惑をかけないのは、もともとが同じ天の下に生まれた同じ人類だからです。ひとつの家で兄弟が仲良くするのは、もともと同じ家にいて同じ父と母を持つという大切な人間関係があるからです。

人と人との関係は、本来平等です。同等というのは、権利が等しいということです。現実を見ると、貧富の差があったり、知恵があったり愚かだったり、強かったり弱かったりという差があります。大きな家に住んで贅沢《ぜいたく》をする者もあれば、借家《しゃくや》暮らしで食べる物にも困る人もいます。

しかし、見た目には雲泥《うんでい》の差があると思われても、その人が生まれつき持っている人権はまったく同等です。人権とは、一人ひとりの命を重んじて財産を守り、名誉を大切にするということです。天がこの世に人を生み出したとき、人に体と心の働きを与え、基本的人権を持つ者としたのですから、どんなことがあっても他の人の基本的人権を侵害することはできません。

悪いことわざに「泣く子と地頭《じとう》には勝てない」「親と主人は無理を言うもの」というのがあります。これらのことわざには基本的人権を侵害しても構わないという意味合いがありますが、権利というものをわかっていない人の言うことです。

お金があり、社会的権力が強いからといって、社会的弱者に無理なことをしようとすれば、他人の権利を侵害することになります。たとえていうと、力の強い相撲《すもう》取りが腕力があるからといって隣の人の腕をねじり折るのと同じです。隣の人の力は力士より弱いかもしれませんが、自分の腕を使って目的を達し、問題なく生きているのに、理由もなく相撲取りに腕を折られるとしたら迷惑の極みです。

政府と人民は対等だと考えよう

このことを世の中に当てはめてみましょう。江戸時代には武士とそれ以外の人間の差別は非常に大きいものでした。武士は権威を笠《かさ》に着て、やたらと威張っていました。「切捨て御免《きりすてごめん》」といって、武士は平民を切ってもかまわないという法律さえありました。これでは平民の命は自分のものではなく、借り物に過ぎません。

政府と人民の関係を見ると、もっとひどいものがあります。政府は天から人民に授けられているはずの人権を許さず、見るにしのびない扱いをする例も多くあったのです。

そもそも政府と人民の関係は、基本的人権については同等のはずです。農民は米を作って人を養い、町人はものを売買して世の中の役に立ちます。

政府は法律をつくって悪人を罰し、善人を守ります。これが政府の商売です。政府も商売をしているという意味では、人民と同じです。ただ政府がこうした商売をするには、費用がかかります。その費用を農民や町人から税金というかたちで出してもらい、財政をまかなっているのです。本来であれば、政府と人民が相談し取り決めて行うものです。

農民や町人は税金を納めて法律を守っていれば、社会的責任を果たしていることになります。政府は税金を正しく使って人民を守れば、その責任を果たしているといえます。双方がこうした責任を果たし、約束を破らなければ問題ないわけです。

ところが徳川幕府の時代は政府のことをお上様《かみさま》と言い、お上の御用というのがやたらと威光をふりかざしていました。宿屋でも飯をただ食いしたり、いろいろなところでお金を払わなかったり。ひどいのになると、荷物運びの人足《にんそく》をゆすって、酒代まで取り上げたりしました。そういう無茶苦茶なことが起こっていたわけです。

殿様が勝手に建物を建てたり、役人が無駄に金を使い、必要なお金が不足したら、理由をつけて税金を増やしたりしました。昔はこうしたことを御恩といっていたのです。だいたい御恩というのは何を指していうのでしょうか。みんなが安心して暮らせるのは政府のおかげ、すなわち御恩ということなのでしょう。しかし、そこで御恩などという言葉を使うべきではありません。政府が人民にたいして行うことを御恩と言うのなら、農民や町人が政府にたいして税金・年貢《ねんぐ》を払うことも御恩と言うのがふさわしいでしょう。つまり、政府だけが偉いということはないのです。

どうしてこのように、上が下を押さえつけるような悪い慣習が起こってしまったのでしょう。それは、人はみな平等の人権を持っていることをきちんと認識しなかったからです。

人は同等の人権を持っていることを忘れてはいけません。政府だけが偉いということはないのです。

よい政治を求めるなら学問をしよう

人民と政府の関係は、もともと同一のものです。ただその社会的な役割を区別して、政府は人民の代表となって法律を整備し、人民はこの法律を守ろうと約束しました。

いまの日本にいる者は、いまの時代の法律に従うと約束しています。一度国の法律で定まったことは、正式な改正の手順を踏まずに変えることはできません。この法律を守ること、それが人民の責任です。

ところが社会には学問がなく、ものの道理を知らず、食べて寝るしか芸のない人間がいます。勉強もしないくせに欲が深く、ぬけぬけと人をだまして法律逃れをしようとする人もいます。国の法律のことも知らず、仕事の責任も果たさず、子どもをきちんと教育する方法も知りません。恥も法も知らない馬鹿者です。そのような馬鹿者は到底、道理を持っては扱えません。不本意ではあっても、力で以って制するよりほかはないでしょう。

こうした馬鹿者が増えてくると、暴力的な政府ができてしまいます。暴力的な政府が生まれる原因は、暴君やひどい官僚のせいばかりではありません。国民が無知で怠惰なばかりに招いてしまうわざわいであるともいえるのです。

個人の自由を縛るような暴力的な政治を避けようとするなら、いますぐ一人ひとりが学問に取り組み、才能や人間性を高めることが必要です。つまり、これが私が勧める学問の目的です。

◇

【解説】

第二編では、まず学問について、たんに本を読んだだけでは「文字の問屋」「飯を食う字引」になってしまうといっています。そして実生活も学問だから、社会で役立つことをしようと呼びかけているのです。

初編と同様、ここでも「人間は平等である」といっています。だから「相撲取りが自分の腕の力にまかせて、隣の人の腕をねじり折ってはいけない」というわけです。

たとえの表現が面白いですね。権力をもつ者が弱い人をいじめてはいけません。政府と人民も対等なのです。

諭吉《ゆきち》がなぜこんなことをいったのかというと、江戸時代には「切捨て御免」のような無茶苦茶なことがまかりとおっていたからです。だから「人間は平等で、政府と人民は対等だ」と何度も言わないと、人々は自分の権利（諭吉は「権理」といっています）がわかりません。それを象徴するのが「お上」という言葉です。「お上」というのは卑屈な言葉ですね。

これからは政府や上の者と渡りあえる人民になろう。暴力的な政治をさけるのなら、学問を志して人間性を高め、政府と同等の関係になろう、と諭吉は呼びかけているわけです。

【キーセンテンス】

他の妨げをなさずして達すべきの情を達するは、即《すなわ》ち人の権理なり

（人の迷惑にならないで、自分のやりたいことをやるのは、その人の当然の権利である）

第三編　愛国心のあり方

【福澤諭吉からのメッセージ】

一人一人が独立してこそ初めて国も独立するんだ

【本編の要点】

個人の独立があって、初めて国も独立する。独立の気概（強い気持ち）がない人は、国を思う気持ちも浅い。平気で国を売ったりする。これまでの日本人には卑屈な気風があるから、それを改めないといけない。独立というのは他人に依存しないことだから、一人ひとりがしっかり勉強して、自分自身を独立させれば、欧米に対しても恐れることなく、対峙《たいじ》できる。

〈個人が独立していてこそ、国も独立する、と考えよう〉

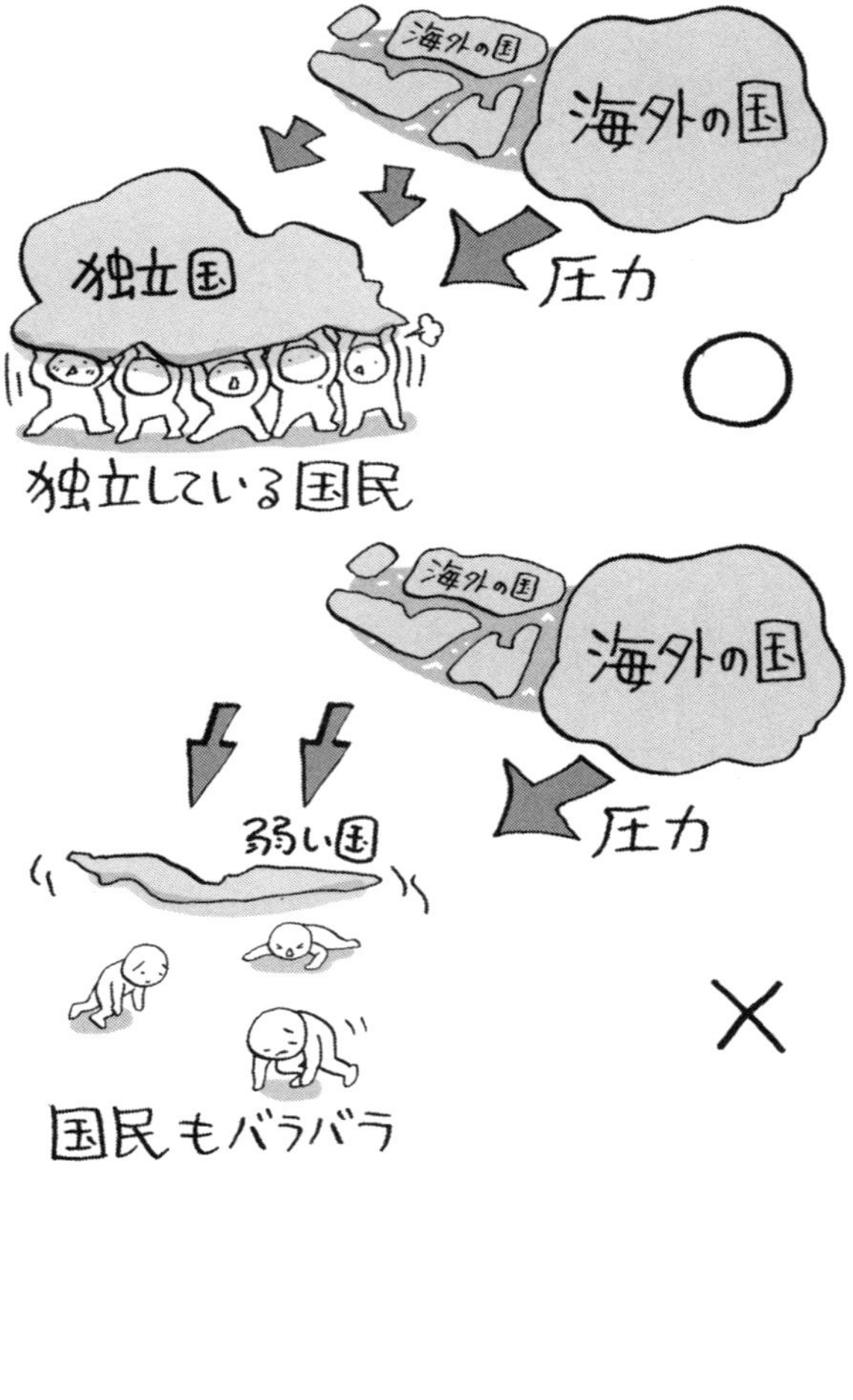

《国同士も対等である》

自分の国と同じように相手の国にも道理がある

人はみな平等であり、金持ちも貧乏人も、社会的に強い立場にある人も弱い立場の人も、人民でも政府でも、同じ権利を持っています。これは第二編で述べた通りです。

この考えを押し広げ、国と国の関係を見てみましょう。

国というのは人が集まったものです。日本は日本人の集まっているところ、イギリスはイギリス人の集まっているところです。日本人もイギリス人も同じ天地の間に生きる人間ですから、お互いにその権利を妨害する道理はありません。ひとりの人間がもうひとりの人間に向かって危害を加えるのは道理に反します。その数が一〇〇万人や一〇〇〇万人といった国の規模になっても同じです。**物事の道理を、人数の多い少ないで変えてはいけません。**

世界中を見回してみると、文明が開けており、学問も軍備も進んでいて、経済的に豊かな強国があります。いっぽうで文明が開けておらず、貧しい国もあります。一般的に欧米諸国は豊かで強く、アジアやアフリカの国々は貧しくて弱い状態にあります。

ただし、いまその国のおかれている現実はそうだというだけのことで、だからといって強い国が、貧しく弱い国に無理を加えることがあってはいけません。それはいってみれば、相撲《すもう》取りがその腕力で病人の腕をへし折るのと変わりません。それぞれの国が本来持っている権利から言えば、許してはならないことです。

日本も「一国の権利」ということでは欧米と違いはありません。道に外れたことをされた場合には恐れることなく、国の威厳を保つ必要があります。

いま愚かな人も勉強をすれば、明日には賢くなるように、貧しく弱い国も、努力すれば豊かになります。私たち日本国民もいまから学問を志して、しっかりと気力を持ち、まずは自分自身の独立を目指しましょう。それによってこの国を豊かに強くすることができれば、外国に恐れを持つ必要はなくなります。相手にきちんと道理があれば交際し、道理がない人とはあまり付き合わない。

一身独立し、一国独立するとはこのことです。個人の独立があって、国も独立する。まずは自分の身を独立させ、国を独立させるのです。

《個人の独立があってこそ、国も独立する》

愛国心について考えてみよう

このように国と国とは、もともとは同等です。しかしその国の人民に独立しようという強い意志がなければ、一国が独立を維持していくことはできません。その理由は三つあります。

第一条　独立しようという気概、つまり強い意志のない人間は国を思う気持ちも浅いものである。

独立とは、他人に頼る心がないことをいいます。つまり、自分のことは自分でやれるということです。自分自身で物事のよしあしを判断し、間違いのない対応ができる人は、他人の知恵に頼らず独立しているといえます。

自分自身で頭や身体を使い、働いて生計を立てている人は、他人の財産に依存しないで独立しているといえます。

人々にこの独立する気持ちがなく、ただ他人に頼ろうとばかりしていると、誰もがみな人に頼るばかりで、それを引き受ける人がいなくなってしまいます。これはとても不都合なことであり、間違った考え方です。

一国の中に人を支配するほどの能力・人格を持つ人は、確率から言うと一〇〇〇人のうちのひとりに過ぎないものです。

仮にここに人口一〇〇万人の国があるとしましょう。このうち一〇〇〇人が知恵のある者で、九九万人以上は無知の民であるとするなら、この国の人々は主人と客の二種類に分かれてしまいます。上に立つ一〇〇〇人が主人となって好きなように支配し、そのほかの大多数は何も知らないお客さんになってしまいます。

上に立つ者は何でも知っているが、その他大勢の人々は何も知らないとすると、彼らは上の人に頼りきり、自分では責任を引き受けなくなります。それは実にまずい状態です。

たとえば戦争になった場合、大衆、つまり一般の人たちの多くは「自分たちは客だから、ここで命を失いたくない」と逃げてしまい、国を守れなくなるでしょう。

外国にたいしてわが国を守るには、自由独立の気風を全国に行き渡らせ、すべての人々が、国民としての責任を果たす必要があるのです。

イギリス人はイギリスを自分の国だと思い、日本人は日本を自分の国だと思っています。自分の国の土地は他国のものではなく、自分の国のものです。つまりは自分たちのものです。だから自分の家を大切にするように、国を大切に思うのです。

国民が国のことはすべて政府に任せっきりで、ただ見物しているだけというのでは道理が通りません。国民であればその国に住み、起きて食べて寝て、自由にやる権利があります。その権利がある以上、国のためにやる義務があって当然です。

外国にたいして自分の国を守る場合、その国の人間に独立の気概があれば、国を思う気持ちも深く強くなります。逆に独立の気概がなければ、国を思う気持ちも浅く弱くなります。国民一人ひとりが独立の気概を持つのは大切なことです。

国内で独立してこそ外国でも独立できる

第二条。自分の国の中で独立した立場を持たない人間は、国外に向けて外国人に接するときも、独立の権利を主張することができない。

独立の気概（強い意志）のない人は必ず、人に頼ることになってしまいます。人を頼る人は必ず、その人を恐れるようになります。人を恐れる人は必ずへつらうようになります。人を恐れてへつらう人はだんだんそれに慣れてしまい、恥ずべきことを恥じず、言うべきことを言わずに、ただ卑屈になるばかりです。

「習い性《しょう》になる」とはこのことで、習慣的にやっていることが自分の性格のようになってしまいます。**卑屈な習慣を持っていると、卑屈な人間になってしまうのです。**

たとえば田舎《いなか》の商人が外国人と交易をしようと横浜などに出て来ても、外国人の体格の大きさとお金を持っていることに驚き、蒸気船のスピードが速いことに驚いて度肝《どぎも》を抜かれてしまいます。さらには外国商人の取引のうまさに驚き、無理な理屈とわかっていても相手の威力に縮み上がって、自分が大損するような取引をしてしまうのです。

これはこの商人の損というだけでなく、一国の損でもあります。ただひとりの商人の恥というだけではなく、一国の恥です。

じつに馬鹿《ばか》馬鹿しい話ですが、先祖代々、独立の空気を吸ったことのない町人は武士に苦しめられ、すっかり卑屈になってしまっています。こういう卑屈な精神の手下のような者が大胆不敵な外国人に会うと、びっくりしてしまうのは無理もないことです。これは、**国内で独立できない者は国外に出ても独立できない**という証拠です。

すべての人が独立して国を守ろう

第三条　独立の気概がない者は、人の権威にあやかって悪事を働く場合がある。

江戸時代には「名目金《みょうもくきん》」といって、大名の権威にあやかって町人や農民に高利で金を貸し、無理やり取り立てるようなことがありました。それと同じように、日本に来た外国人の権威を利用し、悪いことをする日本人が出てくるかもしれません。

独立の気概がない国民は扱いやすくて便利だなどといっていてはいけません。国民に独立の気概が少なければ少ないほど、それに応じて国が売られる危険もますます大きくなるでしょう。

さて、以上の三か条はすべて、国民に独立心がないことによって起こるわざわいです。**いまの世に生まれ国を愛する気持ちのある者は、まず自分自身が独立するように努め、余力があれば他人の独立を助けるべきです。**親は子どもに独立を教え、教師は生徒に独立を勧め、すべての人が独立して国を守らなければいけません。国民を束縛するより解放し、みんなで苦楽をともにしたほうがいいのです。

◇

【解説】

第三編では愛国心について書かれています。国が立派に独立するには、国民の一人ひとりが独立していることが大切なんですね。私たちは個人の独立なら何となくイメージできますが、それと国の独立を一緒に考えることは少ないでしょう。でもみんなが人に頼ってばかりいるとしたら、相当頼りない国になりますよね。

それにみんなが人まかせにしていると、悪い人が出てくることもあります。みなさんも「誰か決めてよ」「面倒くさいからやってよ」といって人まかせにしていると、何も決まりません。チームスポーツだったら負けてしまいますよ。

諭《ゆ》吉《きち》が生きていた時代、隣の国の中国ではアヘン戦争などがあり、植民地化されていました。日本も必ずしも安泰ではなかったんです。だから外国と対等になるよう、国が独立することが一番重要だったんですね。

そのためには国民一人ひとりが自立するように努め、余力があれば他人の独立も助けることです。そうすることが国を守ることにつながっていくのだと諭吉は述べています。

【キーセンテンス】

一身独立して一国独立する

（一人ひとりが独立して初めて国も独立する）

第四編　国民の気風が国をつくる

【福澤諭吉からのメッセージ】

勉強したことは社会のために！

【本編の要点】

独立した国家をつくるには、政府と人民との力のバランスが大事である。しかし国民はまだ独立心ができておらず、個人をだめにする気風にしばられている。その気風を変えていくのは、学問を積んだ私たちである。勉強をした人が実社会に出て手本を示せば、政府と力のバランスがとれた国民が誕生するようになるだろう。

〈政府と人民の力のバランスが大切〉

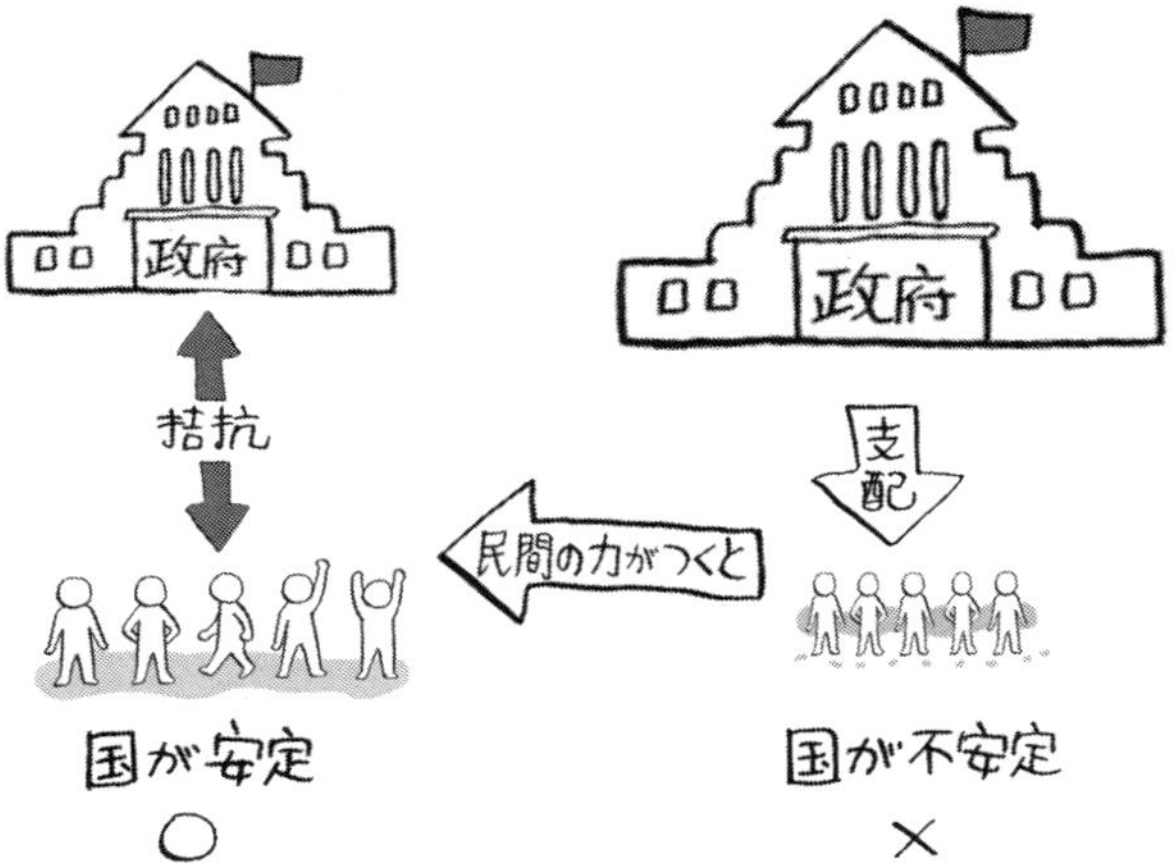

〈学問した人の道〉

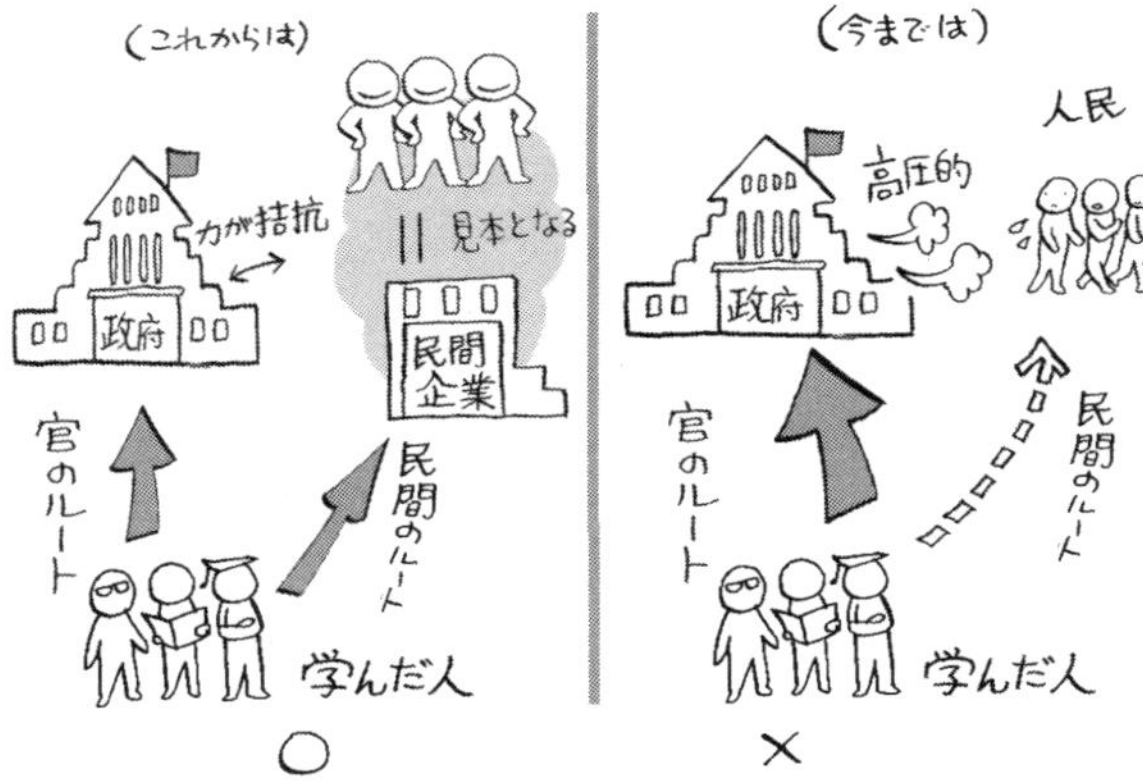

《学問する者の責任とは何か》

「日本の独立」を保つには国民と政府の両立が必要

最近、こんなことを言う人がいます。「日本は結局独立を失ってしまうのではないか」と。

日本を馬鹿《ばか》にしている外国人の説を信じ、「日本が独立してやっていくのはまず無理だろう」と見ている日本人もいます。

これらは、日本が独立を保てるかどうかということについての疑問です。もし日本の独立に疑う余地がないとしたら、こういう疑問は出てこないでしょう。

いま試しにイギリスに行って「イギリスは独立を保っていけますか？」と聞いてみたところで、人々は笑って答えないでしょう。なぜなら、誰もそのことを疑ってはいないからです。

いまの日本の文明は、これまでと比べると進歩したとはいえるかもしれませんが、まだ十分ではないということです。日本人であれば、いまのような状態を心配せずにいられないでしょう。

この国に生まれ、日本人の名を持つからには、私たちはそれぞれの役割をしっかりと見極めて力を尽くさなくてはいけません。国を整備し充実させていくことは、国民と政府が両立してはじめて成功するものです。私たちは国民としての責任を尽くし、政府は政府としての責任を尽くしてお互いに協力しあい、日本全体の独立を維持しなければなりません。

内と外の力のバランスが大事なのだ

何事でも、力のバランスが大事です。

たとえば人体の働きについて考えてみましょう。人体を健康に保とうとすれば、飲み食いをしなければいけませんし、空気も光も必要です。暑さ寒さにたいして、身体の働きを内側から調整する必要もあります。

もし食事を取ったり飲み物を飲むことをやめ、身体だけで生きていこうとしたらどうでしょう。水も空気もないということであれば、人体の健康は一日ももちません。

これは国であっても同じことです。

政治というのは一国の働きです。この働きを調整して国の独立を保つためには、政府の力と国民の力のバランスを取ってやっていく必要があります。国民というのは人体にとっての空気・光・食べ物のように大切なもので、それがあってはじめて国が成り立っていきます。

もし国民がいなくなり、政府の力だけということになれば、国の独立は一日ももたないでしょう。**身体が内と外とのバランスの中で成り立っているように、国も内にある政府の力と外にある国民の力のバランスがうまく取れてこそ、独立が維持されるのです。**

なかなか変えられない「気風」とは

いま、日本が西洋諸国に及ばないのは学術・経済・法律の三つです。世の中の文明はこの三つに関わっており、この三つがちゃんとしていなければ、国は独立できません。

明治維新の当時から問題となっていたのは、国民の無知・無学です。

いま国が一生懸命お金と労力をかけてやってはいるが、なかなか効果があがらないのは、一国の文明は政府の力だけで発展できるものではないということです。

日本の国民は本当に長い間専制政治に苦しめられ、自分が思っていることを表現できなくなっています。人々は政府をごまかして安全を手に入れ、嘘《うそ》を言って罪を逃れようとしています。嘘やごまかしが生きていくうえで必要な手段となり、不誠実であることが習慣になってしまっていて、恥を知りません。それでは国を思う余裕などあるはずがありません。

明治維新の後もなお、役人が人民を押さえつけて威張るような気風があります。国民のほうも権利を得たように見えるけれども、その卑屈な気風は依然として残っています。その**卑屈な気風が現実に及ぼす力は大変大きいものです**。上にたいして卑屈になってしまい、独立心がない。これは根拠のないことではなく、実際の話です。その実例を挙げてみましょう。

集団になると愚かなのはなぜか考えてみよう

政治を動かしている官職の者にも立派な人間はいます。彼らと個人的に会って話してみると、じつに立派な人物です。しかしそういう人たちが集まって政治をすると、実際に行う政策には賛成できないものがたくさんあります。

いっぽうで誠実な国民も役人の目をごまかし、あざむいてしまうことがあります。それぞれ個人としては立派な人間なのに、なぜこのようになってしまうのでしょうか。まるで一人の中に二つの人格があるようです。個人的には賢いのに、政治を行うときには愚かなことをしてしまう。一人ひとりのときには賢明なのに、集まると愚かになってしまう。これはおかしいではありませんか。

その原因は「気風」というものに縛られ、人々がしっかりと個人としての働きをしてこなかったからではないでしょうか。

明治維新以来、政府が学術・法律・経済の政策をやろうとしてもうまくいかなかったのは、全体に独立心のない空気があったからです。

かといって政府が権威を利用して国民を管理しようとすれば、国民は嘘をついてごまかしてしまうでしょう。それはいい策とは言えません。

一国の文明を発展させるには、ただ政府の力のみに頼ってはいけない。国民一人ひと

りが個人として独立し、しっかりやる必要があるのです。

学問を積んだ人間の弱点とは何だろう

わが国の文明を発展させるために必要なのは、国民の心に染み付いたこのような気風を一掃することです。そのためには、世の中の人に先立って自分自身で事業を起こし、国民に手本を示すような人物が必要です。（訳者注：たとえば渋沢栄一が独立して事業を起こしたように）「こういうふうにやればいいのだ」という実例を人々に示すことが必要なのです。その役割を期待できるのは、西洋の学問を知っている洋学者です。

しかし洋学者たちも、必ずしも頼ることはできません。やたらと英語やヨーロッパの言葉を教えて頑張っているように見えますが、ただ文字が読めるだけで、読んだことを実行に移そうとしていません。

この学者先生たちは、官のことばかり考えて、民間という選択肢があることを知らないのではないでしょうか。いまの世の洋学者たちは、だいたいがみな政府の役人になっており、民間で会社を起こして仕事をする人が少なすぎます。事業というものは政府でなければできないわけではありません。民間の一人ひとりが事業を起こせるのに、世の中の気風に染まって実際にはそうしていないのが問題です。

いまの新聞を見てみると、いずれも政府の機嫌を損ねるようなことは言わず、政府が何かちょっといいことを言うと、大げさに褒《ほ》めます。その文章を見ると、じつに卑屈です。政府を崇《あが》めているさまは神を崇めるようで、まるで政府と人民は平等ではないと言わんばかりです。

ところがそういう文章を書くのは、俗に言う洋学者の仲間であり、個人的には必ずしも悪い人間というわけではありません。このように政府を上のものとして扱い、国民を下のものとして扱うのは、世の中にいまだに人民の権利を主張する例がないからです。江戸時代からの卑屈な気風に支配されていて、国民が本領を発揮できないからです。

日本には政府はあるが、いまだに国民はいない。そう言っていいでしょう。つまり独立心があり責任を果たす人民という意味での国民がいないということです。

人々の先頭に立って事業を興そう

わが国の文明を発展させ、国の独立を維持することは、政府の力だけで実現できることではありません。またいまの洋学者たちも頼りにならないわけですから、西洋の学問を志している慶應義塾の同志たちが手本となって事業を興《おこ》し、国の向かうべき方向性を示さなければなりません。まず自分が会社をつくってビジネスをやってみましょう。せっかく西洋の学問を学んでいるのだから、**人々の先頭に立って事業を興すことはまさに使命です。学問をしたものがまず実践して、人々の手本となりましょう。**

事業を興す場合には、命令するよりも丁寧に説明してわからせるほうがよく、言葉で説明するよりは、実際に手本を見せたほうがいいでしょう。政府はただ命令するばかりなので、**手本を示すのは民間の私たちがやることです。**

一〇〇回の説明も、一回の実例を示すことには及びません。官に頼らない実例をみずから見せるのです。そのうえで国民に「世の中の実業は政府のみの仕事ではない。すべての人は上の者に頼らず自分で事業を興していいのだ。恐れる必要はない。政府を疑うのではなく、むしろ親しんでいきなさい」と呼びかけていけば、方向性がはっきりしていきます。**上は威張り、下は卑屈になるという気風もやがて消滅し、はじめてほんとうの日本国民が生まれるでしょう。**学術・経済・法律という三つも自然に国民のものになり、国民と政府の力のバランスが保たれます。そうすれば日本全国の独立を維持することができます。

いまの世の中で勉強する者が日本の独立に貢献しようと思うのであれば、官に頼らないで自分で事業を興すことだ。私はそう言いたいのです。

◇

【解説】

第四編は第三編と似たようなことが書かれています。一人ひとりがいいものを持っていても、人まかせにする気風があったり、みんなで足を引っ張りあう雰囲気があると、国がだめになってしまいます。そういう雰囲気やスピリット（精神）を変えていくのが私たち学問する者の使命ではないか、と諭吉《ゆきち》は呼びかけています。

学問を積んだ私たちは政府の人間になるのではなく、実社会に行って事業を興そう、とすすめているのです。この本が書かれた明治五〜九年の時点では、日本には民間の会社がありませんでした。そういう状況下で諭吉は「事業を興せ。会社を経営しろ」と言ったわけです。

たとえば渋沢栄一という人は会社をたくさんつくって、人々にお手本を示しました。それを真似して、みんなも事業を興すことができました。政府も殖産興業の一環として富岡製糸場などをつくり、民間に払い下げていきました。明治政府はひじょうにスピーディで、やり方がうまかったといえます。

そういう払い下げもいいのですが、そればかりだと政府にまかせきりになってしまうので、諭吉は自分たちで「事業を興せ」と呼びかけました。それに応えて、慶應義塾の学生たちは次々と会社を興しました。いまでも慶應の卒業生は、役人になるより実業界で活躍している人が多いですよね。

いまはもう民間の経済のほうが大きくなっていて、それがふつうになっていますが、この時代にそれを提唱した諭吉はかなり先を見通していた人物だったことがわかります。

【キーセンテンス】

我輩は国民たるの分限を尽し、政府は政府たるの分限を尽し、互いに相助けもって全国の独立を維持せざるべからず

（われわれは国民としての責任を尽くし、政府は政府としての責任を尽くして、互いに協力しあい、日本全体の独立を守っていかなければいけない）

第五編　国をリードする人材とは

【福澤諭吉からのメッセージ】

文明をつくっていくのは国ではなく僕たち民間人なんだ

【本編の要点】

文明は形としては整いやすい。政府がお金を出しさえすればできるからだ。だが大切なのは形より精神である。文明の精神とは人民の独立の気概である。これは中産階級がリーダーとなってつくり上げていくことが大事だ。文明を築いていくのは人民であり、それを保護するのが政府の役割である。

〈文明の精神とは独立の気概である〉

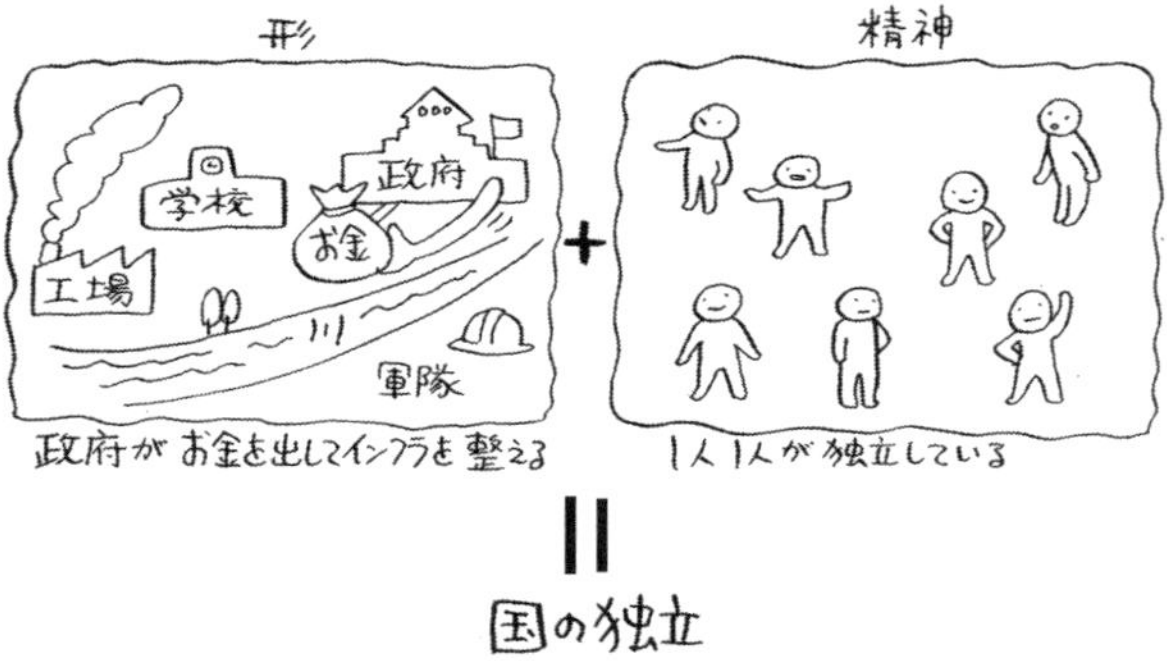

〈中産階級がやるべきこと〉

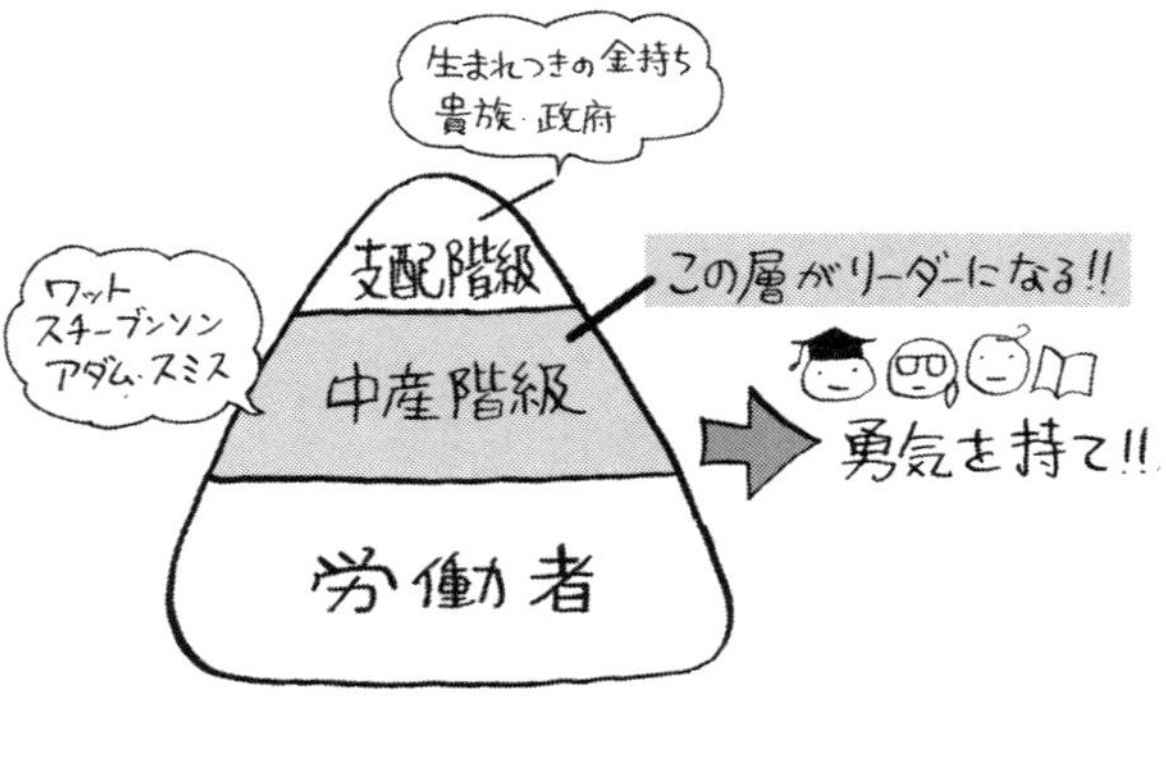

文明の精神とは独立の気概である

わが国がこれまで独立を失うことがなかったのは、鎖国をしていたためです。外国とかかわりがなければ、世の中が治まって栄えたり、乱れて滅びるということがあっても一国内だけのことです。しかし、これからはそうはいきません。

いま突然、外国との交際が開けてきたので、国内の仕事のどれをとっても、ひとつとして外国と関係がないものはありません。もはや全世界が相手であり、すべての物事を外国と比較して対処していかなければならない状況になっています。しかしその外国と比べると、わが国の独立はまだまだ弱いと感じます。

文明とは、形のあるもので評価してはいけません。学校、工業、陸軍、海軍は文明の形ですが、これは金を出せば買えるので、それほど難しくありません。その一方で、形のないものがひとつあります。それは「文明の精神」です。**文明の精神とは「人民の独立の気概（強い意志）」です。**

近頃、政府は学校を建て、殖産興業という政策を掲げて工業（産業）を興《おこ》し、陸軍・

海軍の制度をつくりましたが、まだそれで十分ではありません。なぜかというと、人民独立の気概が足りないからです。

国民がいまだに無気力であり続けているのは、これまで政府の言いなりでやってきたからです。国はまるで政府の私物であり、人民はそのお客さんのように過ごしてきたからです。

進歩しない者は必ず後退するのだ

それだけではありません。もっと深刻な問題があります。**世の中というのは、進歩しない者は必ず後退し、後退しない者は必ず進歩します。進歩も後退もなく、そのままのところに留《とど》まる者などありえません。**いまの日本では政府がいろいろな制度をつくっており、形としての文明は進歩していますが、文明の精神である人民独立の気概はいまだに育っていないどころか、むしろ後退しています。

室町幕府や徳川幕府のような昔の政府は人民を治めるのに力を用いましたが、いまの政府は力と智恵《ちえ》を用いています。昔の人民は、政府を鬼のように思い、恐れていましたが、いまの人民は政府を神のように思い、拝んでいます。政府によって文明の形だけは整ってきているけれども、人民の精神のほうはまだまだです。何でもかんでも政府のおかげ、政府のおかげとありがたがるだけではなく、「一国の文明のしるし」として人民自身が誇るべきでしょう。

中産階級がやるべきこと

いまの日本では、文明は政府の上のほうから起こっているように見えますが、歴史的に見ると、文明は中産階級から起こっていることが多いものです。西洋の歴史を見ていくと、世の中の真ん中くらいの地位にある学者が工夫《くふう》したものばかりです。たとえば蒸気機関はジェームズ・ワットが発明し、鉄道はジョージ・スチーブンソンの工夫です。また、はじめて経済の法則を論じたのはアダム・スミスです。こうした大家たちは中産階級の人であり、知力で世の中を指揮しました。

工夫や発明が個人の心に浮かんだら、それを公で実施するために団結して組織をつくり、事業をますます盛大にします。そうすることで後世の人民に、計り知れない幸福を残すのです。政府の義務はその事業を妨げずにアシストすることです。

文明を行うのは民間の人たちであり、それを保護するのが政府です。西欧諸国では自らを文明の所有者であると考え、それを誇りに思っています。文明は人民の気力を増す道具となり、一国の独立を助けるものとなっています。現在のわが国とは正反対の姿だといえるでしょう。

学問をする者は勇気を持て！

いまわが国の中産階級にいて、文明を率先して指揮し、国の独立を維持する役割を担えるのは、学問を学ぶ者たちだけですが、彼らはだいたいが民間ではなく政府の仕事につき、つまらない仕事に奔走して、むだに心身を疲れさせています。

私たち西洋の学問を勉強する者は、自ら独立するという姿勢を失わずに、国の独立を維持できるよう努力しましょう。もちろん世の中の時勢というのは急流や台風のようであり、それに対抗してしっかり立つのは容易なことではありません。勇気がなければ流されてしまいます。

そして勇気というのは、ただ読書をすれば得られるものではありません。学問は物事を実現するための技術にすぎません。実地でやってみるという経験を持たなければ、勇気は決して生まれません。まず民間で事業を起こしてみましょう。

会社を興し、ビジネスに励んだり、法律を論じたり、あるいは工場をつくって経営したり、農業に取り組むのもいいでしょう。あるいは本を書いたり、翻訳したり、新聞を発行するなど、事業にはいろいろな分野があります。

国民の先を行って政府と助け合い、一国全体の力を増していきましょう。いまはまだ力の弱い独立を、不動の基礎を持った独立へと変えていきましょう。学問をする者はそういう気持ちを持ち、しっかり覚悟を決めて臨まなければなりません。

◇

【解説】

この編のポイントは「勇気を持て」というメッセージです。学問をする者は、勇気をもって物事を実行し、外国とも競い合っていこうと、諭吉《ゆきち》は読者を励ましています。

学問は何のためにするのかというと、自分だけ出世するためではありません。いい会社に入って、いいお給料をもらうためではないんですね。私たちはこの社会をよくするため、現実を変えるために勉強しているんです。

そして「進歩しない人は必ず退歩し、退歩しない者は必ず進歩する。そのどちらかしかない」と諭吉は言います。君はどっちを選ぶのか？ という諭吉の問いかけは迫力がありますね。

学問をする私たちに大切なのは、勇気を持ち、新しいことに取り組んで、実現させていくことです。そういうことができるのは、上流階級や支配者階級にいる人ではなく、中くらいのところにいる普通の人たちだと諭吉は言うんですね。中くらいのところにいる普通の人たちが、学問を積んで、勇気を持ち、物事に挑戦していけば、国全体に活気が出ます。文明はそうした人たちがリーダーになってつくりあげていくものだ、と諭吉はエールを送っています。

【キーセンテンス】

文明の事を行う者は私立の人民にして、その文明を護《ご》する者は政府なり

（文明を行うのは民間の人たちであり、それを保護するのが政府である）

第六編　文明社会と法の精神

【福澤諭吉からのメッセージ】

国は国民を守り、国民は法律を守る。それが約束である

【本編の要点】

なぜ法律を守らなければいけないのかというと、みんなで約束したことだからだ。国は国民を守るかわりに、国民は法律を守る。それが約束である。だから自分勝手に仇討《あだう》ちをしてはいけない。そんなことをしたら世の中が乱れてしまう。自分たちに合わない法律があったら、きちんと国に訴えるべきである。

〈国民の仕事は法律を守ること〉

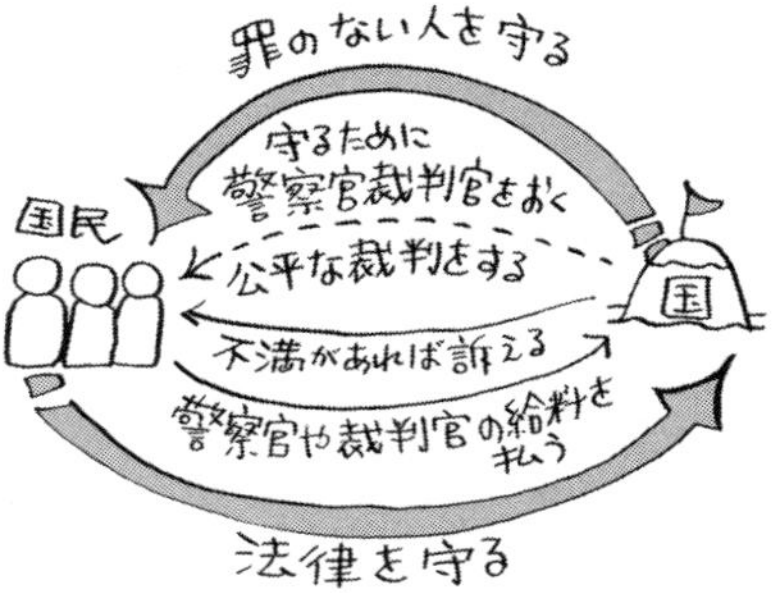

〈なぜ仇討ちがいけないのか〉

《国の法律は大切である》

国民の仕事は法律を守ることだ

犯罪者を取り締まり、罪のない人間を保護するのは政府の仕事です。それがちゃんとなし遂げられれば、国内はうまくいきます。

そもそも「犯罪者」は悪人であり、「罪のない人間」とは善人です。悪人がやって来て善人に害を加えようとするなら、それを防ぐ必要があります。しかし、ひとりの力で多数の悪人を相手にして防ぐのはなかなか大変なことです。不可能に近いでしょう。

だから国民全員の代表として政府を立て、罪のない善い人を保護させるようにしたのです。たとえば警察はあったほうがいいでしょう。だから警察官の給料はもちろん、政府が必要とする諸々《もろもろ》の経費はすべて国民の税金でまかなうのが約束です。

また、政府は国民の代表なのだから、政府のすることはそのまま国民のすることであって、国民は必ず政府の定めた法に従わなければいけません。これもまた国民と政府の約束です。

つまり、国民はひとりで二人分の役割を果たしているようなものです。

一つ目の役割は、自分の代理として政府を立てて国内の悪人を取り締まり、善人を保護することです。

二つ目の役割は、政府との約束を守り、法にしたがって保護を受けることです。

処罰を与え、訴訟を裁き、乱暴や喧嘩《けんか》を取り締まるのは政府の権力であり、役割です。国民は決して手を出してはいけません。

国の法を犯して自分たちで勝手に他人を処罰するのは「私裁《しさい》（リンチ）」であり、許されないことです。悪いことをしている人がいれば、自分が直接罰するのではなく、法によって罰する必要があります。その点、文明諸国の法律は非常に厳格です。

わが日本では、政府は大いなる権威があるように見えますが、国民はただ政府は敬い、大事にするべきものと思っているだけで、法律を敬い、大事にするという意識を持たない者がいます。だから、ここからは私裁がよくない理由を述べることにします。

たとえば自分の家に強盗が入ってきて、お金を奪おうとしたとします。さしあたってやるべきなのは、この強盗を捕らえておいて、その後で警察や政府に訴え出ることです。

罪人を罰することは警察や裁判所などに許された権限であり、自分自身で勝手にやってはいけません。私たちは政府に罪人を訴え、裁判を待つしかありません。強盗を取り押さえたうえに、怒りにまかせて殺してしまうのはやりすぎです。

赤穂浪士の間違いは自分勝手に仇を討ったこと

以上の理屈で考えると、仇討ちはよくないこともわかってもらえるでしょう。江戸時代は仇討ちが称賛されていましたが、自分の親が殺されたからといって、仕返しに相手を殺してしまっていいということにはなりません。親の敵が目の前でうろついていても、自分勝手にこれを殺す道理はありません。

徳川幕府の時代に、浅野《あさの》内匠頭《たくみのかみ》の家来が主人の仇討ちだといって吉良上野介《きらこうずけのすけ》を殺したことがあります。人々はみな「赤穂《あこう》の義士《ぎし》」といって彼らを称賛しましたが、これは大間違いです。

このときの日本の政府は徳川幕府です。浅野内匠頭も吉良上野介も日本の国民です。つまり「政府の法律に従って保護を受ける」と約束をした者です。吉良上野介が浅野内匠頭に無礼な態度を取ったとき、内匠頭はそれを政府に訴えることをしないで、怒りに任せて自分で上野介を斬《き》ろうとしました。それで喧嘩になったのです。

たしかに幕府は内匠頭に切腹を申し付け、上野介には刑を加えませんでした。これは不正な裁判ではありました。しかし浅野家の家来たちはこの裁判を不正だと思ったのに、なぜ政府に訴えなかったのでしょう。かりにその主張を聞き入れてもらえず、殺されてしまったとしても、ひとり殺されたらまた次の人間が訴え出て、殺されるたびにまた訴え出て、四七人の家来が道理を通して訴えて、命を失ってしまうということであれば、どんなにひどい政府でも、最後にはその道理に負けて、上野介に刑を加え裁判を正しく行ったことでしょう。

そうであってこそ、初めて真の「義士」とたたえるべきなのです。しかし彼らはこの道理を知らず、国の法律の重大さを顧みることもなく、勝手に上野介を殺しました。それは「国民の仕事」について考え違いをしているのです。政府の権限を犯して、自分勝手に他人の罪を裁いたことになります。

そのときは徳川政府もこの乱暴者たちを刑に処したので、無事に収まりました。しかしもしこれを許していたら、吉良家の一族は必ず仇討ちといって赤穂の家来を殺していたでしょう。そうすれば赤穂の家来がまた仇討ちといって、吉良の一族に攻撃を加えるでしょう。仇討ち、仇討ちで果てしがなく、双方の一族が死に絶えるまで終わりがありません。

いわゆる無政無法の世の中とはこのことです。私裁が国を害するとはこのようなものです。だから仇討ちはいけません。

昔は農民や町人たちが武士にたいして無礼なことをした場合には刀で斬っていいとする、「切捨《きりす》て御免」などという法がありました。これは公に政府が私裁を認めたものであり、まったくもってけしからんものです。そういうことは勝手にやっては駄目なことで、裁判をするべきです。徳川時代のような封建の世の中で、それぞれの大名に人民を生かすも殺すも自由という権限があったときには、法の力が弱かったということです。

暗殺で社会が幸福になった例はない

自分で勝手に裁く「私裁」の中でも一番極端で、もっとも政治を害するのは暗殺です。

暗殺の例を見てみると、個人的な恨みで行う者もいるし、金のためにやる者もいます。

また意見が違う政敵を憎んで殺すことがあります。それぞれが違う意見を持っているのは当然なのに、自分の見解とは違うからといってそれを罪だとし、勝手に人を殺してしまう。それで「天誅《てんちゅう》を行う」と得意になっている人間がいて、これを褒《ほ》める者さえいますが、それは間違っています。

だいたい天誅とは何でしょうか。これは天に代わって罰を加えるということです。ならば自分は政府に対してどんな約束をしたのでしょうか。国の法を必ず守ることで、この国の保護を受けると約束したのではなかったでしょうか。

国の政治について何か不平があれば政府に訴えるべきなのに、天に代わって自分が裁くのは考え違い、商売違いもはなはだしいことです。このような人は物事の道理がわかっていません。国を憂うことはしていても、どのように憂いていいのかわかっていないのです。昔もいまも暗殺でうまく事が運び、社会の幸福を増やした例などありません。

法は守るためにあるのだ

国の法律を貴いもの、守るべき大事なものと思わない者は、ただ役人を恐れるだけです。役人の前ではうまくふるまい、表向き犯罪とされなければ、実際は犯罪に当たるようなことをやってもこれを恥じません。恥じるどころか、法律に引っかからないようにして、おかしなことをやっている者がいます。法律の抜け道を探し、罪を逃れる者がいれば、「あいつはうまくやっているな」と褒める者さえいます。

法の抜け道を探すごまかしは、恐るべき悪習です。法を軽蔑する習慣に慣れ、みなが不誠実になると、守ったほうがよい法も守らなくなり、最後には人民自身が罪を負わされることになります。

たとえば政府は道路で小便をすることを禁じていますが、人々はその禁止令が守るべき大事なことだと思っているからやらないのではなく、ただ警官を恐れているからやらないだけです。だから警官がいないのを見計らってやってしまう人もいます。万一、見つかってしまうと、恐ろしい警官にあったのが今日の不幸で、ついてないと思います。

これでは駄目なのです。

法をつくるときにはできるだけ簡単にしたほうがよく、法を定めたからには、厳格にその狙《ねら》いを実現しなくてはなりません。人民は法律を見て不都合だと思えば、遠慮なく訴え出るべきです。その法を認めたのなら、謹んでこれを守るべきなのです。

◇

【解説】

第六編では国の法律の大切さについて述べています。法律をしっかり守るのが文明社会です。これは当り前のことですね。

文中には有名な赤穂浪士の討ち入りのことが出てきます。いまでも赤穂浪士は人気があって、主君に尽くした立派な家来、ということになっていますが、福澤諭吉《ふくざわゆきち》は明治の初めに、はっきりと「あれはいけない」と言っています。

これはすごいことなんです。江戸時代まで仇討ちは許されていました。明治に替わっても、そういう暴力的な気風があったわけです。赤穂浪士をたたえるのは、世の中の常識でした。でも諭吉は、みんなが「すごい」と認めているものを「おかしい」と言える度胸があったわけです。

たしかに仇討ちを認めてしまうと、お互いに仇討ちをし合うことになります。どんなに憎くても、個人が人を罰してはいけません。ちゃんと国に訴えて、罰してもらうべきです。そうしないと社会の秩序がめちゃくちゃになってしまいますから。

諭吉は暗殺についても述べています。諭吉自身に暗殺される危険があったんですね。だからかなり真剣に主張しています。たとえ政治的に意見が異なっても、テロのように相手を殺して自分たちの主張を通してはいけません。そんなことをして国が良くなった例はひとつもないという諭吉の言葉は心に留《と》めて置くべきですね。

【キーセンテンス】

国民は必ず政府の法に従わざるべからず。これまた国民と政府との約束なり

（国民は必ず政府の法律に従わなければならない。これもまた国民と政府の約束である）

第七編　国民の二つの役目

【福澤諭吉からのメッセージ】

法律を守る。代表者を選ぶ。これが僕たちの役目なんだよ

【本編の要点】

国民には法律を守る義務と、代表者を選んで政府をつくる二つの義務がある。政府が暴政を行った場合は、信念を曲げて政府に従うか、力で政府に歯向かうか、身を犠牲にして訴え出て、政府を正すという三つのやり方がある。最後の訴え出る手段が一番いいが、赤穂《あこう》浪士のようなやり方は、文明の発達には役立っていない。文明の発展に貢献するかどうかがもっとも大切である。

〈国が100人の会社なら〉

〈暴政に相対する時〉

《国民の義務》

「客としての国民」という役目について考えてみよう

第六編では国法の貴さについて述べましたが、ここでは国民の役目と義務について述べます。

国民には客と主人という二つの役目があります。

一〇〇人の町人が相談のうえで会社をつくった場合、一〇〇人はその会社の主人です。そこで法を決め、会社のみんなはそれに従います。一〇〇人は主人である一方で、従うという点では客でもあります。**ひとつの国は会社のようなもの、人民は会社の人間のようなものです。国民の役目は第一に法を取り決める主人であり、第二にその法に従う客でもあるわけです。**

まず役目のひとつめ、「客」としての立場から言うと、国民は国の法を重んじ、人間はそれぞれ平等であることを忘れてはいけません。

自分の権利を侵害されるのが嫌なら、他人の権利を妨害してはいけません。自分が楽しむように、他の人も楽しむのですから、人の楽しみを奪ってはいけないし、他人のものを盗んではいけないし、人を中傷してはいけません。人を殺してもいけません。

法律はたとえ不都合なものであっても、勝手に破っていいわけではないのです。

一〇〇人の人がいる会社で申し合わせのうえ、社内から一〇人を選んで管理職としたとします。残りの九〇人はそれが気に入らず、管理職が酒を売ろうとすれば、残りの九〇人が自分たちの一存《いちぞん》でぼた餅を仕入れようとします。そんなふうに勝手にぼた餅の取引を始めれば、会社のルールが滅茶苦茶になり、商売が成り立たなくなってしまうでしょう。その結果、会社がつぶれることになれば、一〇〇人全員が損害を負うことになります。

国の法律もみんなでつくったルールなのですから、多少不便なものがあっても、破っていいということにはなりません。もし不便なら、法律を決める人間（政府）に道理を説き、それを直させるべきです。

「国の主人」としての役目についても考えてみよう

第二の役目を、「主人」の立場から考えると、一人ひとりの人民は政府でもあります。といっても国中の人間みんなが政治家になって政治をするわけではありません。政府というものを設け、人民の代理として事務をさせるわけです。国法とはそのような約束を定めたものです。だから人民は本家本元の主人であり、政府はあくまで代理人です。

会社の一〇〇人の中から選ばれた一〇人の管理職は政府であり、残りの九〇人の社員は人民のようなものです。この九〇人の社員は自分で事務をするわけではありませんが、一〇人に代理をまかせたのですから、九〇人の社員はいちおう会社の主人となります。一〇人は会社の公務をしており、個人的な仕事をしているわけではありません。公務とは、国民の代理となって一国を支配する公の事務という意味です。

政府は人民の委任を受け、その約束に従って国中の人を上下の差別なく扱い、それぞれの権利を十分に発揮させるようにしなければなりません。法を正しくして罰を厳格にし、不公正がないようにしなければいけないのです。

税金ほど安いものはない、というのは本当か？

人民は国の本家本元であり、国を守るための費用を払うことは当然の義務です。だからお金を出すことについての不平を、あまり顔に出してはいけません。

国を守るためには役人の給料が必要です。また軍隊の費用も必要ですし、裁判所の費用もかかります。さらには公務員の費用もかかります。たしかに合計すれば大金のようですが、一人あたりで割ればそれほどでもないでしょう。

年間の税金を払えば、政府の保護を受けて泥棒や強盗の心配もなく、一人で旅行をしても山賊にあう恐れもありません。安心してこの世を渡っていけるのは、便利なことではないでしょうか。世間には割のいい商売があると言いますが、**税金を払って政府の保護を買うほど安いものはありません。**

だから税金はあれこれ考えずに気持ちよく払いましょう。

暴政にはどう対応したらいいのか

このように人民も政府もそれぞれの役割を果たすべきですが、政府が暴政を行うこともあります。そういうとき、人民が取る行動のパターンには三つあります。「信念を曲げて政府に従う」「力を以って政府に敵対する」「身を犠牲にして正義を守る」という三つです。

第一のパターン、「信念を曲げて政府に従う」のは大変よくないことです。天の正しい道理に従うのは人の仕事ですから、政府がつくった悪法に従っているばかりではいけません。ひどい政府なら、それを正さなければいけません。人民の信念を曲げてしまうのはよくありません。

第二のパターン、「力を以って政府に敵対する」ためには仲間が必要ですし、これは内乱になってしまいます。あまりよい策ではありません。

戦いを挑んで政府に敵対すると、物事の道理が放っておかれて、たんなる力の争いになってしまいます。人民は（軍隊を持っているわけではないので）、たいてい政府よりも力が弱いものです。内乱を起こすと混乱が生じ、国中が滅茶苦茶になってしまいます。暴力で政府を倒したとしても、それでは駄目なのです。愚政で愚政に替えたにすぎません。また内乱を起こすとひどい場合には仲のいい者同士でも殺し合い、恐ろしい状態になってしまいます。人の心が残忍になってしまうので、これも駄目です。

第三のパターン、「身を犠牲にして正義を守る」というのは、いかなるひどい政治のもとでも苦痛に耐え、くじけずに志を持ち、何の武器も持たず、少しの暴力も使わず、正しい道理を唱えて政府に訴えるということです。三つの策のうちでは、この第三の策が一番よいでしょう。

道理をもって政府に迫れば、その国の良い法律はそのままに、悪い法律だけを変えることになります。今年駄目でも来年また、ということで訴え出ればいいのです。

暴力をもって敵対すると、一を得ようとして一〇〇を害してしまう危険性があります。一方で道理を訴えて政府に迫る者は、除くべき害を除くだけですから、マイナスが少ないでしょう。目的は政府の不正をやめさせることなので、政府が対応すればいちおう議論は終わります。暴力に頼らず、ちゃんと訴え出ましょう。

命をかけるなら文明に貢献するべきだ

切腹や仇討《あだう》ちなどをした人は一見美しいようですが、実際は世の中の役に立っていません。主人のためにという人もいますが、あまり社会の役に立っていないため、命の捨てどころを知らない者というべきです。

文明とは人間の知恵や徳を進歩させ、お互いに害し合うことなく、お互いの基本的人権が十分に実現され、社会全体が安全に繁栄することです。討ち死にも仇討ちも、この文明の目的へと進んでいくものではありません。

かの赤穂の義士《ぎし》も文明に貢献するつもりなど毛頭なく、ただ主人への義理を果たしたくらいのものでしょう。主人への申しわけが立たないなどと言って死ぬのは、もったいないと思います。世の中の文明に貢献したかどうかで、その生き方の重要性を決めるべきです。仇討ちの死によって、文明に貢献したわけではありません。

たとえば権助《ごんすけ》という者が一両の金を落として途方に暮れ、主人への申しわけが立たないと覚悟し、木の枝に褌《ふんどし》をかけて首をつったとします。このような例は珍しくありません。権助が首をつるのも赤穂浪士と同じことなので、赤穂浪士だけをほめたたえるのもおかしなことです。

人はみな「権助の死はわずか一両のためではないか」と言いますが、物事の軽重は金額や人数の多い少ないで論じてはいけません。**世の中に貢献したかどうかで、その重要性を決めるべきです。**権助も赤穂浪士も、文明に貢献していないという点では同じことですし、これはあまりいい死に方ではありません。

人民の権利を主張して正しい道理を訴え、自ら命を絶つことで正義を示した、世界中にたいして恥じることのない人物は古来、ただ佐倉宗五郎《さくらそうごろう》があるだけです。佐倉宗五郎の記録はあまり残されていませんが、世の中の手本とするべき人です。今後、もし機会があればこれについて記したいと思います。

※佐倉宗五郎は江戸初期、下総国《しもうさのくに》・佐倉藩の義民で、本名は木内宗五郎です。領主の堀田氏があまりにも過酷な税制を敷いているということで、宗五郎は幕府に直訴《じきそ》したのですが、その願いは聞き入れられず、越訴《おっそ》（藩を飛び越えて幕府に訴える）を企てたかどで死罪となりました。このとき、妻と四人の息子も処刑されました。また佐倉藩には二〇〇ほど村があり、彼は百姓一揆《いっき》の指導者でもありました。彼の話は代表的な義民伝説（『佐倉義民伝』）となり、歌舞伎や講談、浪曲などの題材にもなっています。

◇

【解説】

ここでは国民の二つの役割・義務について述べています。国民は法律を守らなければいけませんが、その一方で政府をつくる主体でもあります。つまりひとりで主人とお客さんをやるようなものです。

私たちは税金を払ったり、ルールを守ったり、国民としての義務を果たしています。その一方、政府の本家本元は国民ですから、ちゃんと頭を働かせて、政府が勝手なことをしないよう、監視しなければいけないんですね。

福澤諭吉《ふくざわゆきち》の時代にはまだ国会がありませんでした。その時代に諭吉は先を見越して、「国民が主人となって、国の政治を動かさなければだめだよ」と言っているのです。いまは選挙権を持つ年齢が一八歳に引き下げられたわけですから、一八歳以上は、この国の政治に対して責任があります。私たちはこの国の客人としてだけでなく、主人としても自覚を持って政治に関わっていく必要がありますね。

【キーセンテンス】

国民たる者は、一人にて二人前の役目を勤むるものなり

（国民は一人で二人分の役割をつとめているものである）

第八編　男女間の不合理、親子間の不合理

【福澤諭吉からのメッセージ】

自分の考えで人を思い通りにしようとしてはいけないんだよ

【本編の要点】

人にはみな身体、知恵、欲望、良心、意思の五つを自由にできる権利がある。これらを行使するときは、自分の身のほどをわきまえ、他人の権利を邪魔してはいけない。

また他人を自分の思い通りに動かそうとするべきではない。

〈人間には五つの性質がある〉

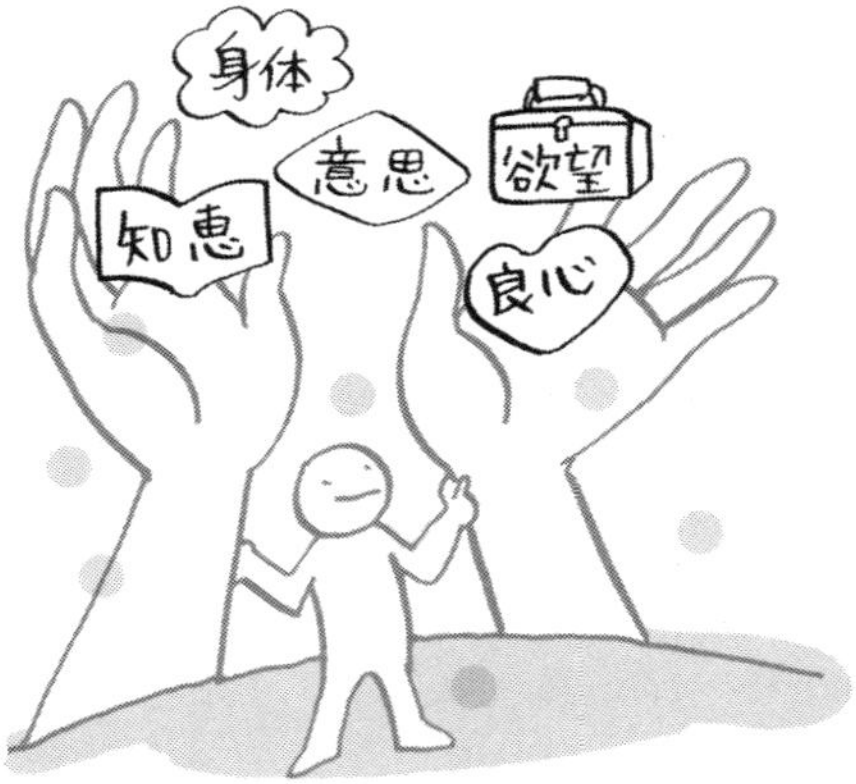

〈分限があることが重要だ〉

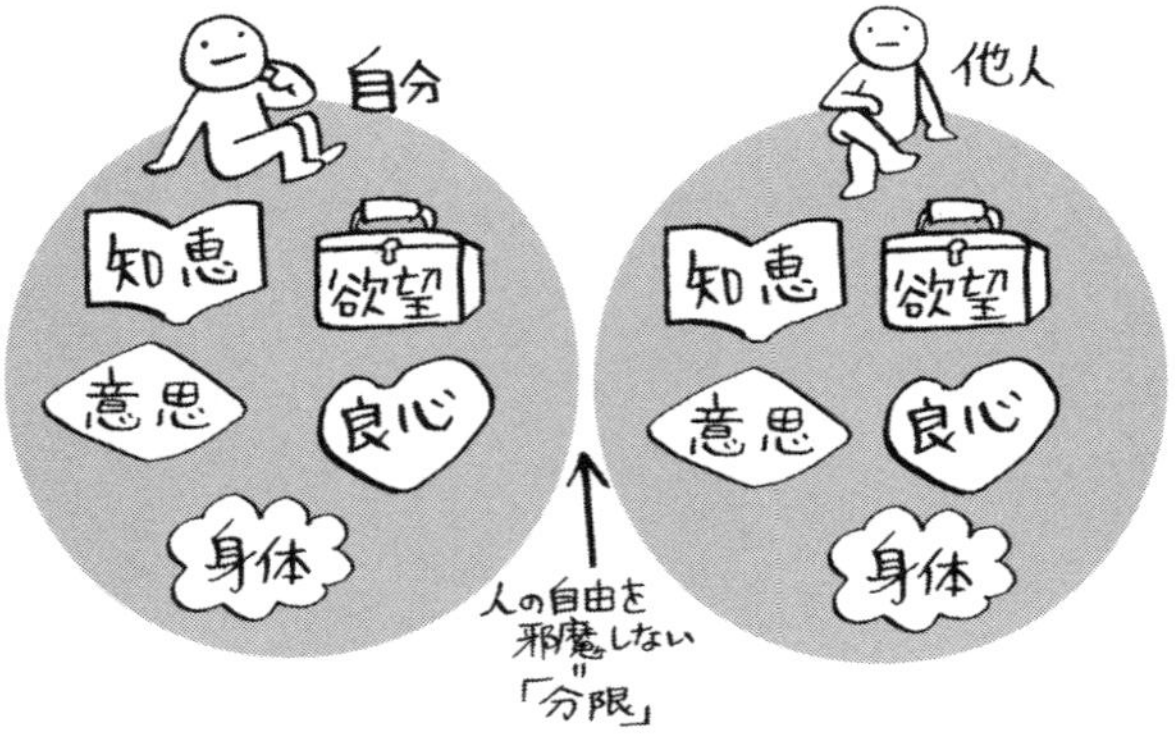

《自分の考えで他人を制してはいけない》

人間には五つの性質がある

アメリカのウェーランドという人は『モラル・サイエンス（修身論）』という本の中で、人間の心と身体は他人と離れて独立したもので、自分で自分を支配して何でもやるようにできているのだと書いています。わかりやすく説明すると、次のようなことです。

第一に、人間にはそれぞれ自分の身体があります。身体は、外界の物に接してそれを使い、目的を達することができます。

第二に、人間はそれぞれ知恵があります。知恵があれば物事の道理を発見でき、これからの見通しを間違えることはありません。

第三に、人間にはそれぞれ欲があります。欲があるから心身の働きが起き、欲を満足させることで個人の幸福を得ることができます。

第四に、人間にはそれぞれ良心があります。良心は欲を制御し、その方向を正しくし、その限界を定めます。

第五に、人間にはそれぞれ意思があります。意思によって何かをやろうという気持ちがわくのです。世の中のことは偶然に起こるものではありません。よいことも悪いことも、人間がそれをしようとする意思があってこそ起こるものです。

以上に述べた身体、知恵、欲望、良心、意思の五つは、人間に欠かせない性質です。この性質を自由自在に繰ることで、人は独立した人間となれます。ただしこの五つの力を使うときには、天が定めた法にしたがって、分限を超えないようにすることが大切です。

「分限」とは自分もこの五つの力を使い、他人も五つの力を使いながら、お互いにその働きを妨害しないということです。つまりみんなが権利を持っていますが、それぞれ他人の権利を邪魔しない限りは個人として自由である、ということです。

分限を間違えずに世の中を渡れば、他人にとがめられることもなく、天に罰せられることもありません。これが人間の権利というものです。

人間は、他人の権利を妨げない限り、自由自在に自分の身体を使っていいのです。好きなところに行き、いたいところにいて、働いてもいい、遊んでもいい、昼夜勉強してもいいし、気が向かないときは一日中寝ていてもいいのです。

人は他人の意思で動くロボットではない

いま述べた説に反対し、「いい悪いはともかく、人は他人の心にしたがって行動するものだ。自分の意思を通すのはよくない」という意見を述べる人がいるとしましょう。はたしてこれは当然の理屈でしょうか。

たとえば男女の関係についてみていきましょう。そもそもこの世に生まれた者は、男であっても女であっても人間です。この世に果たすべき役割があるということでいえば、一日だって男が必要でない日はないし、女が必要でない日もありません。

その働きは同じですが、ただ違うところは、男は力が強く女は弱いということです。大の男の力で女と戦えば、必ず男が勝つでしょう。これが男女の違いです。

世間を見れば、力ずくで人の物を奪ったり、人をはずかしめたりすれば、罪人として刑罰を与えられます。しかし、家の中で当然のことのように大っぴらに人を、つまり夫が妻をはずかしめることについて、これまで問題にする者がいなかったのはどうしてでしょうか。

『女大学《おんなだいがく》』という本に、「婦人には三つ従わなければいけない道がある。幼いときは両親に従い、嫁にいったら夫に従い、老いたら子に従わなければばならない」とあります。幼いときに両親に従うのは当然ですが、結婚して夫に従うとはどういうことでしょうか。『女大学』の文章によると、亭主が酒を飲み、女遊びをし、妻を罵《ののし》り、子どもをしかって、金を使い浮気をしまくっても、女性はこれに従い、この浮気男を天のように敬い尊んで、にこやかな表情で、相手の気に障《さわ》らない言葉でこれに意見しなさいと書いてあるだけです。その後のことについては何も触れていません。

つまり、浮気男であっても、自分の夫となった以上は、どんなはずかしめを受けても、妻は従わなくてはいけないことになります。ただ心にもないにこやかな表情を作って意見する権利があるだけなのです。そして、その意見に従うかどうかは浮気夫の心次第であり、この心を天命と思うよりほかにないのです。男にとっては大変好都合ですが、これではあまりに不公平ではないでしょうか。

親の言うことはきかないといけないのか

親孝行をするのはもちろん当然のことです。高齢者に対しては、他人でもていねいに扱うものです。ましてや自分の両親であれば、心を込めて大事にするのが当り前です。利益のためでも、名誉のためでもありません。**孝行というのは、ただ自分の親だから、自然にあふれてくる誠実さで行うべきものです。**

昔から日本でも中国でも、孝行を勧めた話は非常に多く、『二十四考《にじゆうしこう》』をはじめ本も数え切れないほどあります。しかし、これらの本には、とても人間にはできないようなことを勧めるか、愚かしく笑ってしまうようなことを説くか、物事の道理に反することを褒《ほ》めて孝行だという話まであります。

たとえば寒い中、氷の上に裸で寝てその熱で氷を溶かし、母親が欲しがる鯉《こい》をとるというのも、不可能な話です。真夏の夜に自分の身体に酒を降り注いで蚊《か》を招き寄せ、蚊が親に近づくのを防ぐという話がありますが、その酒を買うお金で蚊帳《かや》を買ったほうが賢いのではないでしょうか。

結局こういう孝行の話も、親と子の区別をしっかりとつけ、立場の上下をはっきりさせるため、無理やり子どもに孝行を強いたのでしょう。そして、それを正当化する理由としては「妊娠中に母を苦しめ、生まれてから三年は両親の世話にならざるを得ない。その大きな恩がある」というものなのです。

しかし子を産んで養うのは、人類だけではありません。動物だってみなやっています。ただ**人間と動物が違うところは、子どもに衣食だけではなく教育も与え、社会的なあり方も教えるところにあります。**

ところが世間の親は子どもはよく産むけれども、教育のやり方を知りません。父親は子どもの財産を貪《むさぼ》ろうとし、姑《しゅうとめ》は嫁の心を悩ませ、両親の意思で子ども夫婦を支配します。両親のごり押しの理屈はごもっともということになるのに、子どもの意見は少しも受け入れられません。

これがどうして家族のあるべき姿だと言えるでしょう。私は以前に「姑が教訓とする手本は遠いところではなく、自分が嫁だった頃にある」と言ったことがあります。もし姑が嫁を苦しめようと思うなら、自分がかつて嫁だったときに苦しめられたことを思い出せばいいのです。

◇

【解説】

この編のポイントは「自分の考えで他人を縛ってはいけないよ」ということです。自分の魂を他人の身体にいれたら、その人はロボットのようになってしまいます。

江戸時代は身分制度がとても厳しくて、上の人が下の人を縛っていました。

武士は農民をおさえつけ、男女関係では男のほうがいばっていて、好き放題をやっていいことになっていました。親子関係でも、親孝行をしなければいけないのは当然ですが、親が子どもをあまりに自分のもののように扱うのは問題ですよね。

いまの世の中でも、相手に無理強いすると、「ハラスメント」と呼ばれます。諭吉《ゆきち》はそういう悪い習慣を断ち切ろうと言っているわけです。身分制度があったこの時代に、男女平等や家父長制度やハラスメントについて述べているのですから、諭吉の考え方はとても進んでいるといえます。

【キーセンテンス】

人たる者の分限を誤らずして世を渡るときは、人に咎《とが》めらるることもなく、天に罪せらるることもなかるべし

（人間であることの身のほどを間違えずに世の中で生きていけば、人にとがめられることもなく、天に罰せられることもない）

第九編　より高いレベルの学問

【福澤諭吉からのメッセージ】

僕たちには文明を進歩させる使命がある

【本編の要点】

　人間の生き方には二種類ある。自分だけ食べていけたらいいという生き方と社会と積極的に交わっていこうという生き方である。たんに生きるだけなら蟻と同じだ。そうではなく社会に交わり、役立とうとする生き方は進歩と文明を生み、後世に遺産を残す。我々は進歩の最前線にいるのだから、社会に貢献できるチャンスである。よく勉強して、古いものを伝え、新しいものを進化させていかなければならない。

〈人の生き方には二通りある〉

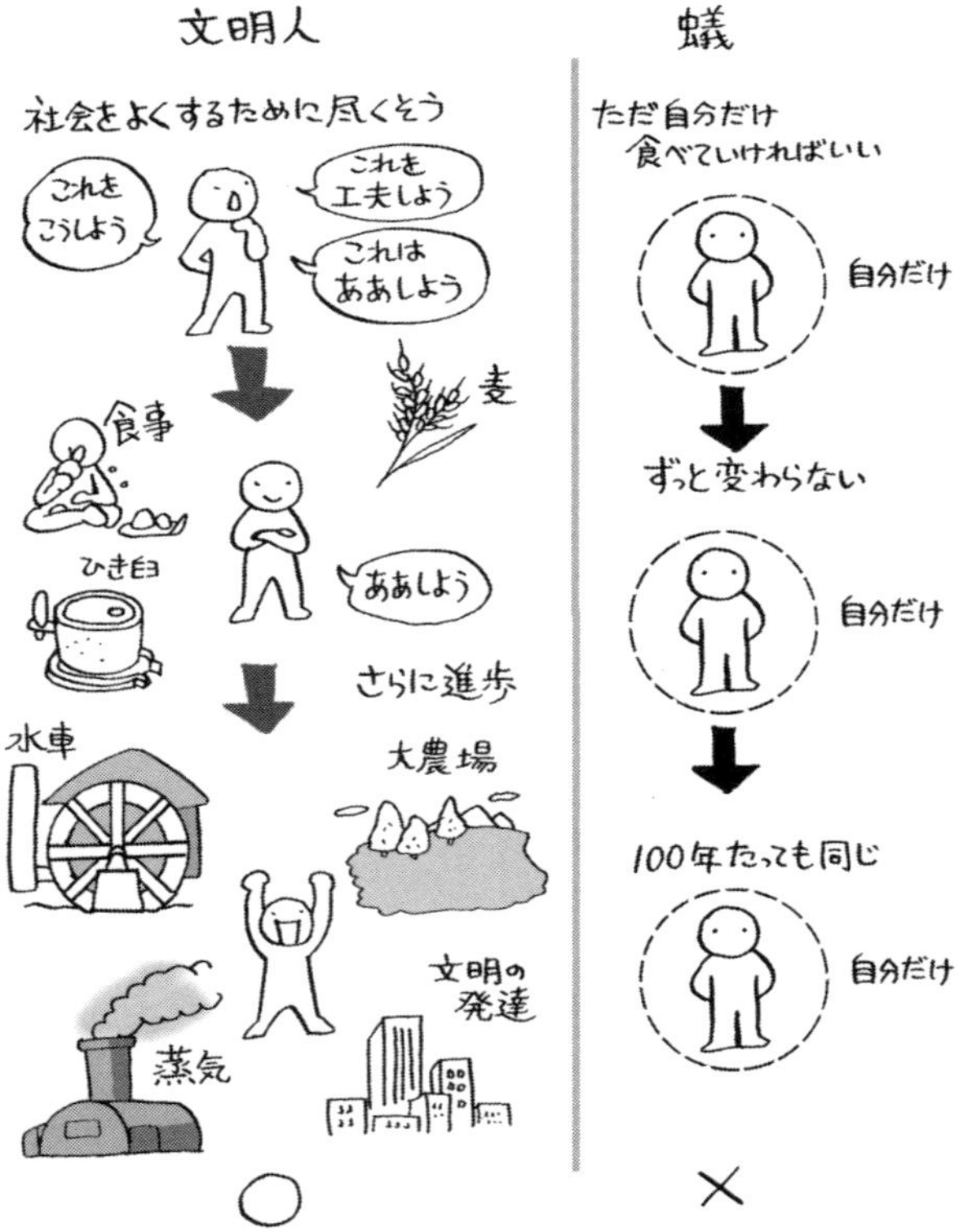

《新しい時代の生き方》

衣食住を満たすのはあたり前のこと

人間の生き方には二種類あります。一つは個人としての生き方です。もう一つは社会人としての生き方です。

まず一つ目の個人としての生き方をみていくと、「衣食住の満足を得ること」は個人として生きていくために大切なことです。

しかし考えてみれば、地上にあるものは一つとして人間の役に立たないものはありません。ひと粒の種をまけば二、三百倍の実がなるし、山奥の樹木は育てなくても成長するし、風は風車を動かします。

人間はただこの自然の精妙な仕組みを利用して、それをわずかに工夫し、自分たちの役に立てているだけなのです。人間が衣食住を得るのは、すでに自然の手によって九九パーセントまで完成しているところへ、人の力で最後の一パーセントを加えただけのことです。人間が衣食住を自分で作ったとはいえません。実際は道に落ちていたものを拾った、というくらいのものでしょう。

だから、**自分で衣食住を得るのは、何も難しいことではありません。これができたからといって、別にいばるほどのことではないのです。**

もちろん、独立して生活するのは重要なことだし、「自分の汗で飯を食え」というのが古人の教えではありますが、私の考えでは、この教えを達成したからといって、人間としての務めを果たしたとはいえません。この教えはただ「動物に負けないように生きろ」といっているだけです。

なにしろ動物、魚、虫を見ても、自分で食べるものを捕らないものはありません。食糧を得て一時的に満足するだけでなく、蟻にいたっては、はるかに先のことを考え、穴を掘って住居を作り、冬の日に備えて食糧を蓄えることもするのです。

世の中には、この蟻と同じレベルで満足している人がいます。

生まれて死ぬだけの人生なら蟻と同じだ！

働いて結婚し家を建てても、ただ蟻の弟子というくらいのものです。その生涯でなし遂げたことも、蟻を超えてはいません。生活をし、家を建てるときには一生懸命働いたでしょうし、悩んだこともあったでしょう。しかし、達成したことを見れば、万物の霊長である人間としての大切な目的を達したものとはとうてい言えません。

「自分が食べて生活していければそれでいい」と言うのなら、人間の生涯はただ生まれて死ぬだけです。死ぬときと、生まれてきたときと、その生活ぶりは少しも変わっていません。こうして子の代、孫の代と続いていけば、どんなに時代が過ぎても、村の様子には何の変化もないでしょう。

工業（産業）を興《おこ》す者も出ないし、船もできません。橋もかかりません。自分と家族のほかは全部自然まかせで、その土地に人間が生きたという証拠を遺《のこ》すこともありません。

ある西洋人が「世の中の人がみな小さいところで満足していたならば、今日の世界は、はじまったときから何も変わっていなかったに違いない」と言っています。まったくその通りです。

社会の中で生きるということ

次にもう一つの社会的な生き方について考えてみます。

そもそも人間の性質は、集団で生活することを好み、ひとりで孤立して生きてはいられないものです。夫婦や親子といった家族だけでは、まだこの性質を満足させることはできません。広く他人と交際して、その交際が広がれば広がるほど、自分の幸福も大きくなるのを感じるものです。これが人間社会が生まれた理由です。

世の中の学問、工業、政治、法律などは、みな人間社会のために存在するものです。人間社会がなければ、どれも不要です。

政府は何のために法律を作るのでしょうか。悪人を防いで善人を守り、社会をきちんと機能させるためです。

学者は何のために本を書き、人を教育するのでしょう。後輩の知識を指導して、社会を保つためです。

だれでも自分の身についた特技があるなら、それを生かして社会の役に立とうと思うのが普通でしょう。

あるいは、自分では世の中のためにやっているという意識はなくても、知らず知らずのうちに後世、子孫がその恩恵にあずかっていることもあります。人間にはこのような性質があり、だから社会的な義務を達成できるのです。

こうした人々が昔にいなかったとしたら、現代に生まれた私たちは、いまの世界中にある文明の恩恵をこうむることもなかったでしょう。

親から受け継いだ遺産は、土地や財産だけのことなので、なくしてしまえばそれっきりです。跡かたもありません。しかし、世の中の文明はそうではありません。**文明とは過去の人々が一体となって我々に譲り渡してくれた遺産です。その大きく広いことは、土地や財産とは比べ物になりません。**

しかし、その恩を感謝しようにも相手は見当たりません。人が生きていくのに必要な光や空気を得るのに金がいらないのと同じです。それは非常に尊くても、所持している主人がいるわけではありません。昔の人からの目に見えない贈り物というしかありません。

先駆者たちの遺産を受け継ぐ

この世界が始まったときは、人間の知恵も開けてはいませんでした。まるで生まれたての子どもに知識がないのと同じです。

たとえば麦を作って粉にするとき、最初は自然のままの石を使ってつき砕いたのでしょう。やがてひき臼《うす》が考え出され、それも最初は人の手でひき臼を回していたのが、水車や風車で回すようになり、蒸気の力を使うようになり、だんだんと便利になっていきました。

進歩しているのは、かたちある機械だけではありません。知恵が発展するにつれ、人間同士の交流もますます活発になり、交流が活発になれば、人情も穏やかになります。国際法が説かれて軽率に戦争を起こすこともなくなるでしょう。経済の議論も活発になり、政治や商売のやり方が一変し、学校の制度、本の出来、政府の経済政策、議会での政治の議論も改められ、それに応じてレベルも高くなります。これからどんな高みにまで到達するかは予想できません。

日本の文明も、もともとは中国、朝鮮から伝わったものです。それをわが国の人たちの力で磨き上げ、今日《こんにち》のような勢いとなって新しい文明への道を進むようになりました。これもまた昔の人の遺産であり、先駆者たちのおかげなのです。

進歩の最前線にいるいまこそがチャンス

昔から能力のある人間の多くは、苦労して世の中のために物事を実現してきました。彼らはきっと衣食住が豊かだという程度では満足せず、社会的な義務を大切に思い、高い理想を持っていたでしょう。

いまの学生は、これらの人々が残した文明の遺産を受け、進歩の最前線にいるのだから、自分の目標に限界をつくってはいけません。いま私たちが昔の人を尊敬するように、数十年後には、その時代の人々が私たちからの恩恵を感謝するようになっていなくてはいけません。

私たちの仕事は、この世の中に生きた証《あかし》を残し、後世の子孫に伝えることにあります。これは重大な任務です。数冊の教科書を読んで商人や職人、小役人となり、生活に必要な金を得て、妻子を養うだけで満足していてはいけません。それはただ他人を害さないというだけで、他人のプラスになるような生き方ではありません。

事をなすには、時勢に合う、合わないがあります。タイミングが合わなければ能力のある人間でもその力を発揮することはできません。

しかしいま、時代は大きな変化を遂げる途中にあります。西洋の考えがやっと広まって、ついには幕府や藩がなくなったのも、たんに戦争による変化のためではありません。文明の効能は、たった一度の戦争で終わってしまうようなものではないのです。この変化は戦争によるものではなく、文明に促された人々の心の変化から起きたものなのです。その変化はいまも続いています。

学問の道をリードし、世の中の人の心に働きかけてさらに高いレベルに持っていくには、とくにいまの時期が大きなチャンスです。そして、タイミングよくこのチャンスにめぐり合っているのが、いまの学生たちなのです。だとしたら、世の中のために努力しないわけにはいかないでしょう。

◇

【解説】

自分だけ食べていけて現状維持ができればいい、という生き方は「蟻の弟子」にすぎないと、諭吉《ゆきち》は言います。そういう小さな考えは持つな、と諭吉は私たちに活《かっ》を入れているんですね。

蟻はおそらく何万年も前から同じことをしていて、変わっていないと思います。でも人間はたった一〇〇〇年前といまではまったく違います。一〇〇年前と比べても違います。なぜこれほど進歩したのかというと、人間がみな社会をよくしようと頑張ってきたからなんです。

人間は社会的な動物です。社会と交わらなければ生きていけません。その社会をよくするのは人間の務めだと思います。私たちがいまインターネットで世界中とつながったり、便利な生活が送れるのは、過去の人たちが学問を積んで、新しいことに挑戦してきたからです。

だからいま進歩の最前線にいる私たちも頑張って勉強し、さらにもう一歩先の世界に進めていかなければいけない、と諭吉は強くメッセージを送っています。

【キーセンテンス】

ただ蟻の門人と言うべきのみ

（ただ蟻の弟子というくらいのものだ）

第一〇編　学問にかかる期待

【福澤諭吉からのメッセージ】

現状に満足するな！　大志を持って勉強し、世界と競おう！

【本編の要点】

学問をする者は志を高く持たなければならない。現状に満足するのではなく、研《けん》鑽《さん》を積んで高いレベルで西洋と競い合うのだ。事業とは国内ではなく、世界の国々と戦うものだ。小さなところで満足するのではなく、農民になるなら大農民に、商人になるなら大商人に、学者になるなら大学者をめざしておおいに大成せよ。

〈学問を進化させ、高いレベルで競い合おう〉

〈積極的に外国と競っていこう〉

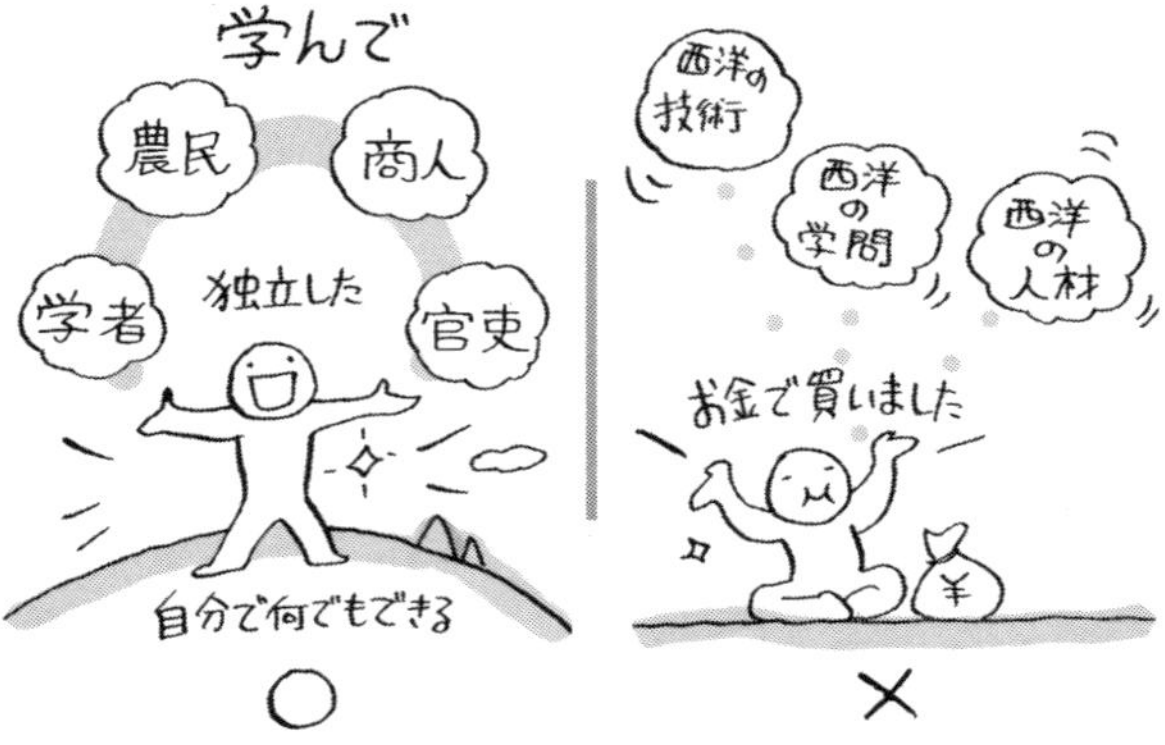

学問を進化させ高いレベルで競い合おう

学問をするなら、高い志を持たなくてはいけません。食事をつくって、風呂をわかすのも学問です。世の中のことを論じるのも学問です。ただし家の仕事は簡単で、世の中の経済は難しい点があります。だいたい簡単に手に入るものにはそれほどの価値はありません。物の価値というのは、手に入れるのが難しいかどうかによるのです。

いまの学生は難しい学問を避けて、簡単な学問に向かう傾向にあるのではないでしょうか。しかし、それはいいことではありません。

封建時代は世の中が身動きの取れない窮屈な状態だったので、いくら勉強をしたところで、学んだ知識を使うところがありませんでした。

現在はそうではありません。学んだら学んだ分だけ、すぐにそれを使う場所があります。たとえば洋学（西洋の学問）を学ぶ学生が三年間勉強すれば、ひと通りの歴史・物理書などを理解し、洋学教師として学校を開くことができます。また雇われて教えることもできます。政府の仕事に就《つ》くこともできるでしょう。

さらにもっとお手軽な道もあります。流行している翻訳本を読み、世の中を駆け回ってニュースを仕入れ、チャンスをみて役所に就職すれば、立派な役人になれます。

しかし、このような生き方が普通になると、世の学問は高いレベルに進むことはないでしょう。

現在では政府をはじめ、あちこちで洋学を学んだ者が緊急に求められ、高い給料が支払われています。だからといって、「洋学を学んだ者は暴利を貪《むさぼ》っている」と非難しているわけではありません。また、そういう待遇をするのは愚かだと言っているわけではありません。

ただ、この洋学者たちが、あと三年、五年と苦労して、さらに高いレベルまで勉強してから実際の仕事に就けば、大いに成果を挙げるだろうと思うわけです。そうなってこそ、全国の学者たちの知力、人格もさらに高まり、西洋諸国の文明と対等に渡り合うことができるようになるでしょう。

これからは積極的に外国と競っていこう

いま学問をする者は、何を目的として勉強しているのでしょう。「何ものにも束縛されない独立」という大義を求め、自由自主の権利を回復するのが目的でしょう。「自由独立」には義務がともなうものです。独立とは一軒の家に住み、他人に衣食を頼らないことだけではありません。それはたんに「内での義務」です。もう一歩進めて「外での義務」について考えなくてはいけません。

国中の人とともに力を尽くして、この日本国に自由独立の地位を獲得させて、初めて内外ともに義務を果たしたといえるのです。だから一軒の家の中でただ生活しているだけでは、独立した一家の主人とはいえても、独立した日本人とはいえません。

いまの日本は、文明という名はあっても、その実《じつ》はありません。形は整っていますが、内側の精神はだめです。わが国の陸海軍で西洋諸国の軍隊と戦えるでしょうか。絶対に無理です。わが国の学問や技術で、西洋人に教えられるものは何もありません。西洋人から学んで、その水準におよばないことを悲観しているだけです。

いま日本では外国に留学生を派遣し、外国人教師を雇っています。政府の官公庁、学校から地方の役所まで、外国人を雇わないところはほとんどありません。民間の会社や学校であっても、新しくスタートするところは、必ず外国人を雇い、高い給料を払って頼りにしています。

いつまでも外国に頼るのは恥だと思おう

しかし、自分の国の用を足すのに、他国の物に頼るというのは、永久に続けるべきことではありません。ただ「一時的なもの」と自分を慰めても、その「一時的」がいつまで続くのでしょうか。外に頼らず、自分たちで必要を満たすにはどうすればいいのか、見通しをはっきりとつけることは難しい状況です。ただ言えることは、いまの学者の仕事が完成するのを待ち、学者たちによって自分の国の用を足す以外に方法はないということです。これが学者の義務なのだから、この義務に全力を挙げて取り組むべきです。

外国人を雇ったり、機械を買ったりするのに金を使うのは、わが国の学問や技術がまだ西洋に及ばないから、日本の財貨を外国に捨てているのです。残念だし、恥じるべきことです。

しかし、将来に望みがないということではありません。古い制限が一掃されてからは、まるで学者のために新世界が開かれたかのように、日本中が活躍の場となっています。農民となり、商人となり、学者となり、官吏となり、本を書き、新聞を出し、法律を講義し、芸術を学ぶことができます。工業も興《おこ》せるし、国会も開けます。ありとあらゆる事業を行えるのです。

しかもこの事業は、国内の仲間と争うものではありません。その知恵で渡り合うのは外国人なのです。この知の戦いに勝つことができれば、わが国の地位を高めることができ、負ければその地位を落とすことになります。大きな望みがあり、目的もはっきりしています。

この国に必要な事業については、それぞれの得意な分野で、いますぐ研究に取りかからなくてはいけません。社会的な義務が何かを知っているなら、いまのこのタイミングを前にして、傍《はた》でただ見ているだけではいけません。

学ぶ者はみな、大いにやる気を起こして頑張ろうではありませんか。

どうせやるなら大成を目指そう

最近、わが故郷の中津の旧友で学問をしている人の中に、まだ勉強の途中なのに早々に学んだことを生活の手段にしようとする人がいると聞きました。生計を立てることは大事です。また人の才能には長短があるので、人によっては、さっさと将来の方針を決めたほうがいい者もいるでしょう。しかし、みながそれに影響されて、ただ生活の糧を得るために競争するようなことになれば、優れた若者がその資質を十分に発揮しないまま終わってしまう危険があります。本人のために残念ですし、日本のために惜しいことです。

生計を立てるのは困難だといっても、家族のことをよく考えれば、**早く金を稼いで小さなところで満足するより、苦労して倹約し、大成するのを待ったほうがいいのです。学問をするなら大いに学問をしなさい。農民になるなら大農民になりなさい。商人になるなら大商人になりなさい。**

学者ならば小さな生活の安定に満足してはいけません。粗末な着物、粗末な食べ物、暑い寒いなど気にせず、米を搗《つ》くのも、薪を割るのもいいでしょう。学問は米を搗きながらでもできます。人間の食べ物は西洋料理とは限りません。麦飯を食べ、味噌汁《みそしる》をすすって、文明について学ぶべきです。

◇

【解説】

第九編に続いて第一〇編でも「自分だけが食べていければそれでいいという小さなところで満足するな」と言っています。みんなが小さくまとまってしまったら、この国はよくなりません。だから大成をめざして、大きくなれ、と言っているんですね。

表現のしかたが面白くて、農民になるなら大農民、商人になるなら大商人と書いています。諭吉《ゆきち》はビジネスを始めるという人に「やるなら大もうけをして、世界の大富豪になりなさい」と言っています。ふつう学校の先生は「お金もうけのことばかり考えていてはいけないよ」と言うのですが、諭吉の考え方は逆なんですね。しかも競争相手は世界です。明治初期のこの段階で、すでにグローバル化を唱えていたわけですからさすがです。日本は資源がない国なので、自分たちで勉強して技術を高め、商品をつくって輸出しなければなりません。

いまはインターネットという形で、グローバル化の大きな波が来ています。ですから私たちも世界を意識して大成していかなければいけません。といってもたんに英語をしゃべれるようにする、ということではありませんよ。大事なのは、高いレベルの学問を積み重ね、高いレベルの仕事をすることです。みなさんも〝大○○〟になれるよう頑張ってくださいね。

【キーセンテンス】

学問に入らば大いに学問すべし。農たらば大農となれ、商たらば大商となれ

(学問をするならおおいにするべきだ。農民ならば大農民になれ。商人なら大商人になれ)

第一一編　タテマエに潜む害悪

【福澤諭吉からのメッセージ】

地位や肩書ではなく、実力で勝負するんだ

【本編の要点】

中身のない名分（タテマエや身分）で人をわけるのではなく、中身がある職分《しょくぶん》（実力）で評価すべきである。ただ立場が上だというだけで、上の者が下の者を押さえつけると、下の者は怠けたり、不正をするようになる。そのように裏切りが起きるのはうわべだけの上下関係をつくっているからだ。そういう不公平な関係はなくしていくべきである。

〈下の者が裏切るのは、支配する者のせい〉

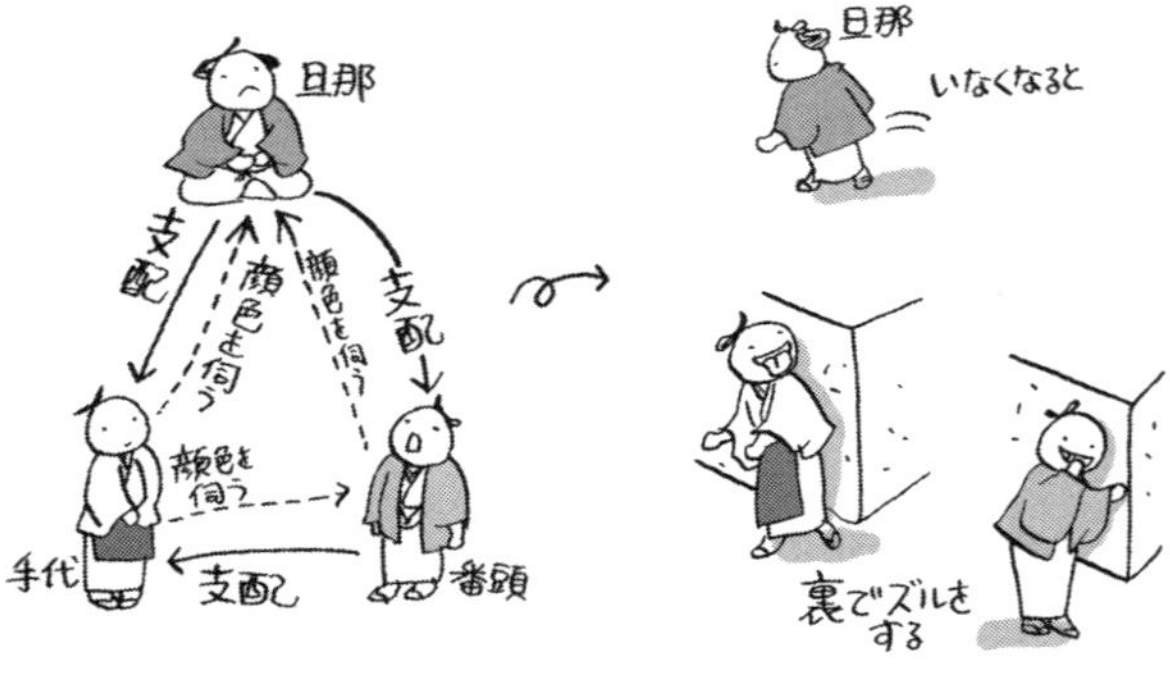

〈名分と職分の違い〉

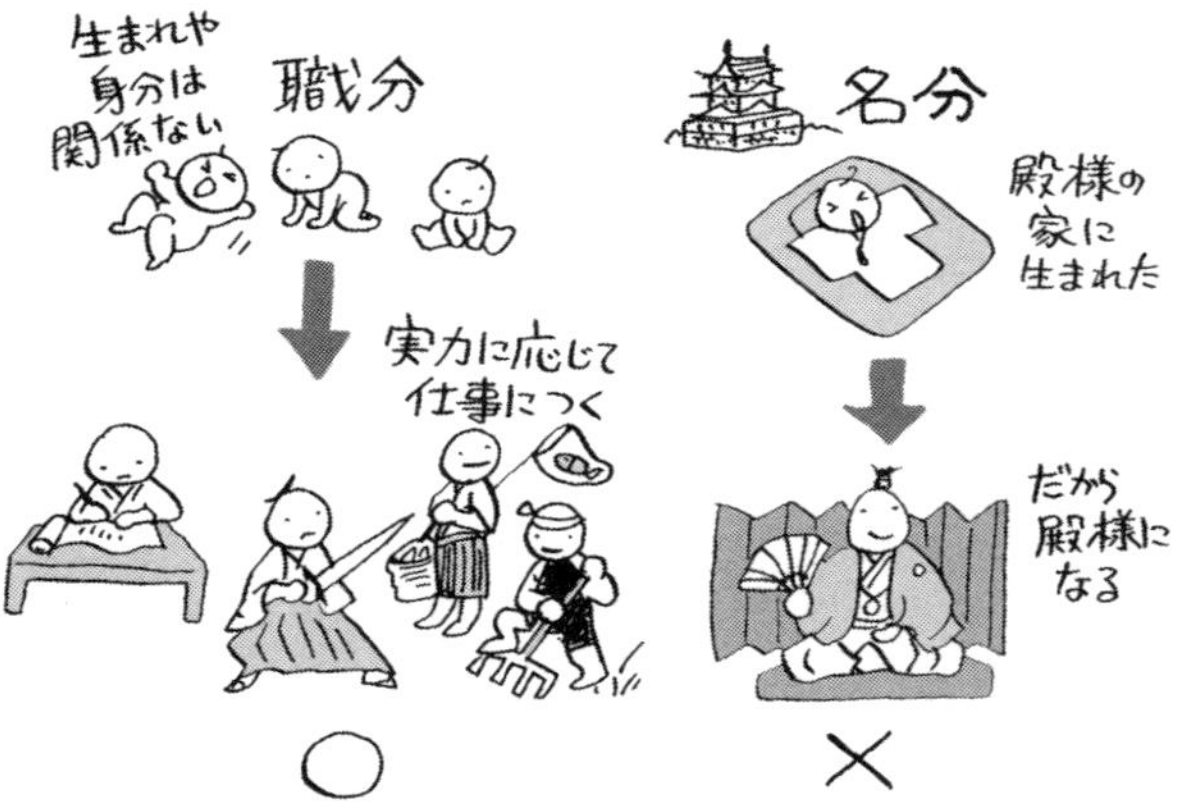

《タテマエはニセモノを生む》

身分制のタテマエは善意から生まれた

名分というのは上下貴賤《きせん》、すなわち身分制といってもいいでしょう。身分制とは、強大な力で弱い者を支配する、いわゆる専制政治のことをいいます。しかしもともとの趣旨としては、必ずしも悪意から生まれたものではありません。

要するに、世の中の人間をすべて「愚かな善人」であると考え、これを救い、導き、教え、助けようとする制度だったのです。目上の人の命令に従わせて、愚かな人が自分で考えないようにさせます。そして代わりに目上の人が自分の経験を生かして、いろいろな問題を処理し、よい結果が出るようにしてあげるのです。

一国の政治も、村の支配も、店の経営も、家の生計も、上の人間と下の人間が心をひとつにして、人間関係をまるで「親子の間柄」のように考えてやっていこう、というのがそもそもの趣旨です。しかし一国、一村、政府、会社など、すべての人間関係は大人と大人の関係です。他人と他人のつき合いです。この関係に、実の親子間のようなやり方を適用しようとしても無理というものです。

政府と人民は血縁関係にあるわけではありません。他人のつき合いです。他人と他人のつき合いでは、情愛を基本にはできません。必ず規則や約束といったルールをつくって、互いにこれを守りながら、わずかな権利の差を争い合います。そうすることでかえって双方が丸く収まるのです。国に法律が生まれたのは、そのためです。

上が下を押さえつけると、下の者がズルをする

身分制に基づく専制は、政府だけでなく、商店でも、学校でも、寺社でもどこでも行われています。

上が下を押さえつけることを専制というのですが、それだと下のものはズルをします。そのような裏切りが起きるのは、うわべだけの上下関係をつくっているからです。

たとえば封建時代は、大名の家来は表向きはみな忠臣のつもりなので、その形を見ると、主君と家来の名分（身分に応じて守るべき本分）はきちんとなっています。あいさつをするにも座敷に入る入らないの区別があり、亡くなった主君の命日には肉食をせず身

をつつしみ、若殿が生まれれば裃《かみしも》を着用し、年頭の挨拶や主家の主君の菩提寺《ぼだいじ》への参詣《さんけい》にはひとりの欠席者も出ません。

口では「貧しいのは武士の常。忠義を尽くし、国に報いるのが武士の本分」と言い、「主君から禄《ろく》をもらう者は、主君のために死ぬものだ」と大げさに言い、いざとなればいまにも討ち死にしようという勢いなので、たいていの人はだまされてしまいます。しかし、よくよく見ると、それは偽りの姿なのです。

大名の家来できちんと仕事をつとめている者がいるなら、どうしてその家に金がたまるのでしょう。決まった給料と決まった手当てで余分な収入などあるはずもないのに、結果として余分が出るのはおかしいではありませんか。役得なのか賄賂《わいろ》なのかはわかりませんが、きっと何らかの方法で主人のものをせしめているのです。

主人のためには馬の前で討ち死にさえいとわないという忠臣が、その主人の買い物でお金をくすねるのは、本当におかしなことです。

ごまかす人が多いのは、昔の人が「世の中の人間はみな人がよくてコントロールしやすい」と思い込んだ妄想の結果です。その妄想の害が専制政治による人民抑圧となり、結局は飼い犬に手を噛《か》まれるということになったのです。

仕事の中身、実力で勝負しよう

身分制によるうわべだけの上下関係など、まったく必要のないものです。それよりこれからは人を仕事の中身や実力、つまり「職分（職業上の本分）」で分けていくことです。

政府は国の元締めであり、人民を支配するのが仕事です。人民は国の株主であり、その費用を出すのが仕事です。文官の仕事は法律を定めること。武官の仕事は命令にしたがって戦うこと。このほか学者も、町人も、皆それぞれ定められた仕事があります。それぞれの人が、その仕事に応じてお金をもらえる。これからはそうしたほうがいいでしょう。

名分と職分は字は似ていますが、まったく別物です。もう身分ではなく、仕事の中身、実力で勝負する時代なのです。

◇

【解説】

ここで諭吉《ゆきち》が言いたいのは「実質を大切にしよう」ということです。江戸時代には殿様がいて家来がいましたが、殿様すべてにふさわしい能力があったわけではありません。たまたま殿様の家に生まれたから、能力がなくても殿様をやっているだけ。でもそれだと実質がありません。中身のない人が上に立つと、家来たちは面白くないので、ズルをしてお金をかすめとったりするようになります。

諭吉自身も下級武士の生まれでしたから、身分制度ではさんざん苦労をしてきました。これからは身分やタテマエではなく、仕事の中身や実力で評価しよう。そうすればやりがいがある社会になる、と諭吉は自身の体験もこめて主張しているのです。

【キーセンテンス】

名分と職分とは文字こそ相似たれ、その趣意は全く別物なり

（名分（うわべだけの名目）と職分（自分の立場における責任）は文字面は似ているが、まったく別物である）

第一二編　品格を高める

【福澤諭吉からのメッセージ】

品格が高まるような高いレベルの学問をめざそう

【本編の要点】

学問をして、知見を高めることは品格を高めることにつながる。役に立たない学問をして、自己満足していると、他国に遅れをとってしまう。ちゃんとした手順を踏んで、みんなで学問を進化させていく必要があるのだ。そして自分が考えていることを大勢の人に「演説」という方法で伝えていけば、国全体のレベルが上がっていくだろう。

〈演説のメリット〉

〈実際に生かしてこそ学問〉

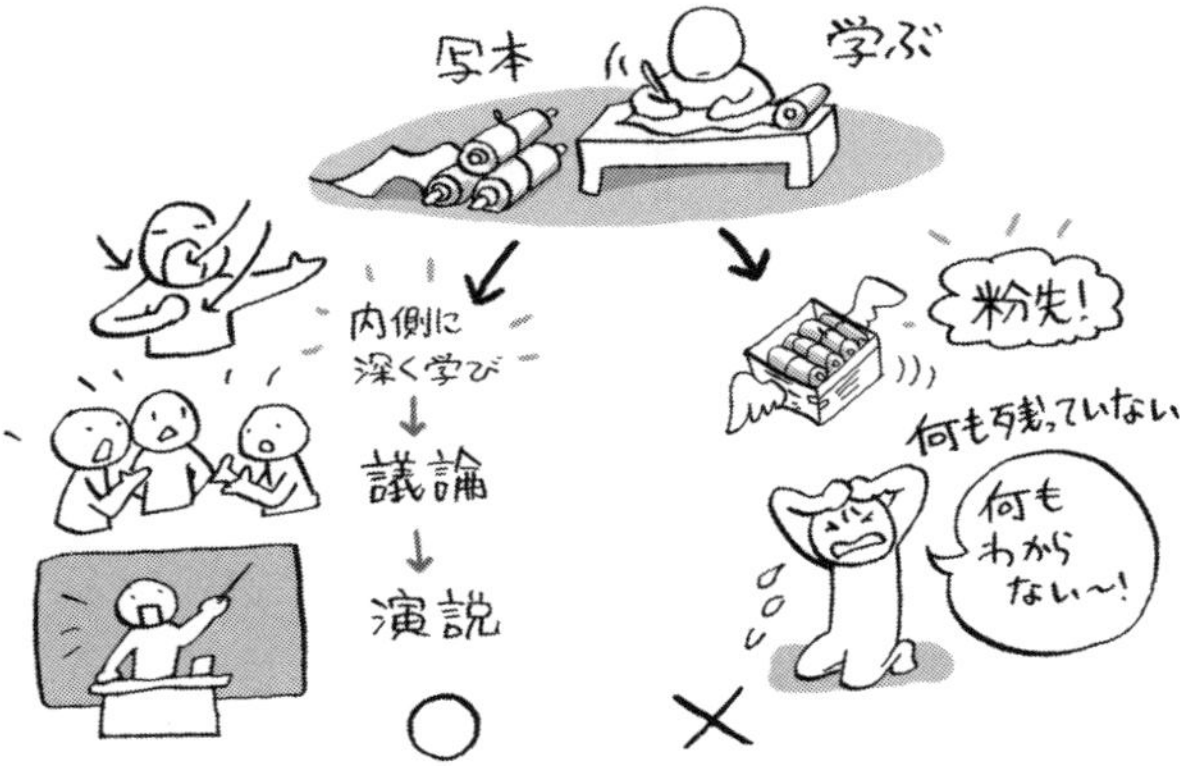

《スピーチのすすめ》

演説とは多くの人に伝えること

「演説」は英語で「スピイチ（speech）」といい、大勢の人たちが集まる場で、自分の考えていることや思ったことを人に伝える方法です。わが国では昔からそういう方法があったと聞いたことはありません。せいぜい寺院の説法がこれに近いかもしれません。西洋諸国ではこの演説が非常に盛んです。政府の議会、学者の集会、会社、市民の集まりから冠婚葬祭、開業開店の小さな催しでも、わずか数名の人が集まれば必ずその会にまつわることや目的について、あるいはいつも考えていることや即席の思いつきを説いて、集まった人に披露する習慣があります。

演説は、その内容の重要さはさておき、口頭でしゃべること自体に面白みがあります。文章にして書くとたいして意味のないようなことでも、口で言うと理解しやすく、人の心を動かすものです。

古今の名高い名詩、名歌もこのタイプです。これらの詩歌を普通の文章に訳すと、ちっとも面白くなくなります。しかし、詩歌の約束事にしたがって形を整えると、限りない趣《おもむき》が出てきて、多くの人を感動させます。

つまり、**自分が考えていることを多くの人に伝えるとき、それがスムーズにいくかどうかは、伝える方法や形が大事になるということです。**

真の学者になろう

学問とはただ読書すればいいというものではありません。重要なのはそれを実際に生かすことです。**実際に生かせない学問は、学問ではないと言ってもいいでしょう。**

昔、朱子学《しゅしがく》を学んだ学生のこんな話があります。

その学生は長い間江戸で勉強して、朱子学の偉い先生たちの説を日夜怠らず一生懸命写し取り、数年間でその写本は数百巻にもなりました。ついに学問も成ったので故郷に帰ることにし、自分は東海道を下《くだ》り、写本は籠《かご》に入れて船で送りました。ところが不運なことに船は遠州灘《えんしゅうなだ》のあたりで難破してしまったのです。この学生は自分は故郷に帰ったものの、学問はすべて海に流れてしまい、身についたものは何もなく、その愚かさは勉強前と変わりませんでした。

いま西洋の学問を学ぶ学生にも同様の心配があります。都会の学校で読書や議論をする様子を見れば、ひとかどの学者と言えます。しかし、その洋書を突然取り上げて田舎《いなか》に帰してみると、親友・友人には「俺の学問は東京に置いてきた」と言いわけをするような情けないことになりそうです。

学問の本来の目的はただ読書にあるのではありません。精神の働きにあるのです。この精神の働きを活用し、実際の役に立つようにするには、さまざまな工夫が必要です。すなわち物事を「観察」することと、物事の道理を「推理」して自分の意見を持つことです。

もちろん学問の手順はこの二つだけではありません。このほかに、本を読まなくてはいけませんし、本を書かなくてはいけません。人と議論したり、人に向かって自分の考えを説明することも必要です。これらの方法をぜんぶやってみて、初めて学問をやっている人といえるのです。

つまり観察し、推理し、読書をして知識を得、議論することで知恵を交換し、その知恵を広める手段として本を書き、演説するのです。自分ひとりだけでできることもありますが、議論や演説などは他人が必要です。だから演説会が必要なのです。

学問を極めるために、議論や演説が大切なのは明らかなのに、これを実行する者がいないのは、学者の怠慢といっていいでしょう。

人間のやることには、内側のことと、外に向けてやることの二つの面があります。両方をきちんとやらなければいけません。

内側にあるときは淵《ふち》のように深く、外に向けて人と接するときは飛ぶ鳥のように活発でなければなりません。学問上の緻密さは内に向かって限りなく、学問活用の広がりは外に向かって際限がない。そうなって初めて真の学者といえるのです。

《高いレベルを目指せば品格は高まる》

知識だけつけても品格は高まらない

人間の見識、品格は、広い知識を持っていることで高まるものではありません。たくさんの本を読み、世の中の人たちと広く交際しても、それでも自分自身の意見を持てない者もいます。

洋学者でも、西洋の日に日に進歩する学問を志し、経済書を読んだり、修身論を論じたり、あるいは哲学、科学と学問に没頭し、その苦学する様子を見るとまるでイバラの上に座って痛みにたえられない……ようであるはずなのに、その人の私生活を見てみると、決して学問どおりではありません。経済学の本を読みながら、自分の家計もうまくできなかったり、口では修身を論じながら自分の身を修めることすら知らない人もいます。言っていることと、やっていることは別人のようであり、見識があるとはとても思えません。

ことわざにあるように、「医者の不養生《ふようじょう》」とか「論語読みの論語知らず」とはこういうことをいうのでしょう。

だから言うのです。人間の見識、品格は深遠な議論をすれば高まるものでもなく、広い知識を持てば高まるものでもありません。

では人間の品格を高めるにはどうすればいいかと言うと、物事の様子を比較して、上

を目指し、決して自己満足しないことです。「様子を比較する」というのは個人個人のあれこれを比較することではありません。こちらの全体とあちらの全体を並べてみて、それぞれのいいところと悪いところをきちんと見るということです。

古今の人物の中でも高いレベルの人物と自分を比較し、誰の仕事くらいのことをすれば自分は満足できるかと考えるのです。自分に長所が一つあっても、向こうには二つあるなら、一つの長所で満足していてはいけません。

トップレベルと比較しよう

たとえばいま日本で学校を比較するとき、世の中の保護者は、風紀の取り締まりのことばかりを気にします。

風紀の取り締まりとは、校則を厳しくして、生徒が堕落するのを防ぐ仕組みが行き届いていることを言うのです。これを学校の美点としていいのでしょうか。私はかえって恥ずかしいことだと考えます。

西洋諸国の風紀は決していいというわけでもありません。それどころか、見るに耐えないひどいところもあります。しかし学校を評価するとき、風紀の正しさと取り締まりの行き届き具合だけでいい学校とする、などという話は聞いたことがありません。**学校の名誉は、学問のレベルが高いことと、教え方が上手いこと、教師や学生の人物が高くて議論の程度が低くないことで決まるのです。**

教師や学生も、他のレベルの低い学校と比較してどうのということではなく、世界でトップの学校を相手に、その長所と短所を比べるべきです。

風紀が整っていて、取り締まりがきちんとしているのも学校の長所のひとつではありますが、学校にとってはいちばん程度の低いレベルでの長所なのですから、自慢するようなことではありません。

トップの学校と比較するなら、もっと力を入れるべきところは別にあるはずです。

学問を進化させよう

たとえばインドは古い国です。その文化が起こったのは紀元前数千年であり、そこで生まれた哲学は、いまの西洋諸国と比べても素晴らしいものが多かったのです。

また昔のトルコも非常に強い国で、政治・文化・軍事などすべてが見事に整っていました。

インドは名のある文化国、トルコは武勇の大国でした。

ところがいまのインドとトルコの様子を見ると、インドはすでにイギリス政府の植民地となり、トルコ政府も、名目上は独立していますが、商売上の利権はイギリス人、フランス人に独占されています。

過去に誇ったインドの文化もトルコの武威も、その国の近代の文明に少しも貢献していないのはなぜでしょうか。

それぞれの国の人民の視野が、ただ国内にだけ限定されていたからです。自分の国に満足しきって、他国と自国をきちんと比較することもなく、他国と比べても優劣はないと判断を誤ったからです。

西洋諸国の商人は、いまのアジアでは向かうところ敵なしです。恐れないわけにはいきません。この強敵を恐れ、その国の文明を目標にするためには、国の内外の様子をきちんと比較して、その上で足りないところは追いつくように努力しなければいけません。

観察・推理・読書・議論して学問を広めていくのです。そうやって知見を高め、学問を進化させることが大事です。知見を高めることは品格を高めることに繋《つな》がります。役に立たない学問をするのではなく、学問の手順をしっかりと踏んで、みんなで学問を進化させていきましょう。

◇

【解説】

学問には手順があるということを諭吉《ゆきち》は教えています。思い込みでものを言っていても始まりません。まずは物事をよく観察します。そして事実やデータに基づいて推理します。でも自分ひとりで考えていても、考えが狭くなります。ですから読書をして他の人がどう言っているのか調べることが大切です。

さらには他の人と議論して、人の意見を聞き、「自分はこういうところを見落としていたんだ」と気づくようにして、弱いところを補っていきます。こうすれば学問は深まっていくんですね。それを本に書いたり、演説したりして、世の中に広めていけば、国のレベルも上がっていきます。

諭吉は、学問をして、知識を増やしていくことは品格を高めることにつながる、と言っています。品格が高い個人が集まった国家は、国としての品格も高まります。そういう国になれば、外国から馬鹿にされたり、支配されることもないと諭吉は言っているわけです。ＳＮＳで友達とおしゃべりばかりしていて、本も読まないような状態だとこれまで進歩していた日本が停滞してしまいます。もっと読書や議論、演説をして、学問のレベルを高めないといけないんですね。

それから、この編で興味深いのは「実際に生かせない学問はだめだ」と言っている点です。その例として、都会の学校でこもって猛勉強している人から本をとりあげて、田舎に帰したら、「俺の学問は東京に置いてきた」といいわけするという面白い話を　書いています。

やはり勉強は自分の自己満足でやってはいけません。いろいろな人と交流したり、演説したり、発表しながらブラッシュアップさせ、さらに実社会に生かさなければ意味がないと、諭吉は強調しているんですね。

【キーセンテンス】

事物の有様を比較して上流に向かい、自《みずか》ら満足することなきの一事に在り

（物事の様子を比較して、上を目指し、自己満足することがないようにすることである）

第一三編　妬みは最大の悪徳

【福澤諭吉からのメッセージ】

一番やってはいけないのは人の幸福を妬むことなんだよ

【本編の要点】

人間として一番やってはいけないことは人の幸福を妬《ねた》むことである。妬みからさまざまな悪が生まれる。妬みの原因は、自分の行動が制限される「窮《きゅう》」から生まれるので、自由で公平な社会をつくることが大切だ。私たちは、人と積極的に関わり、お互いの自由を妨害しないような生き方を学ばなければならない。

〈短所は見方を変えると長所にもなるが……〉

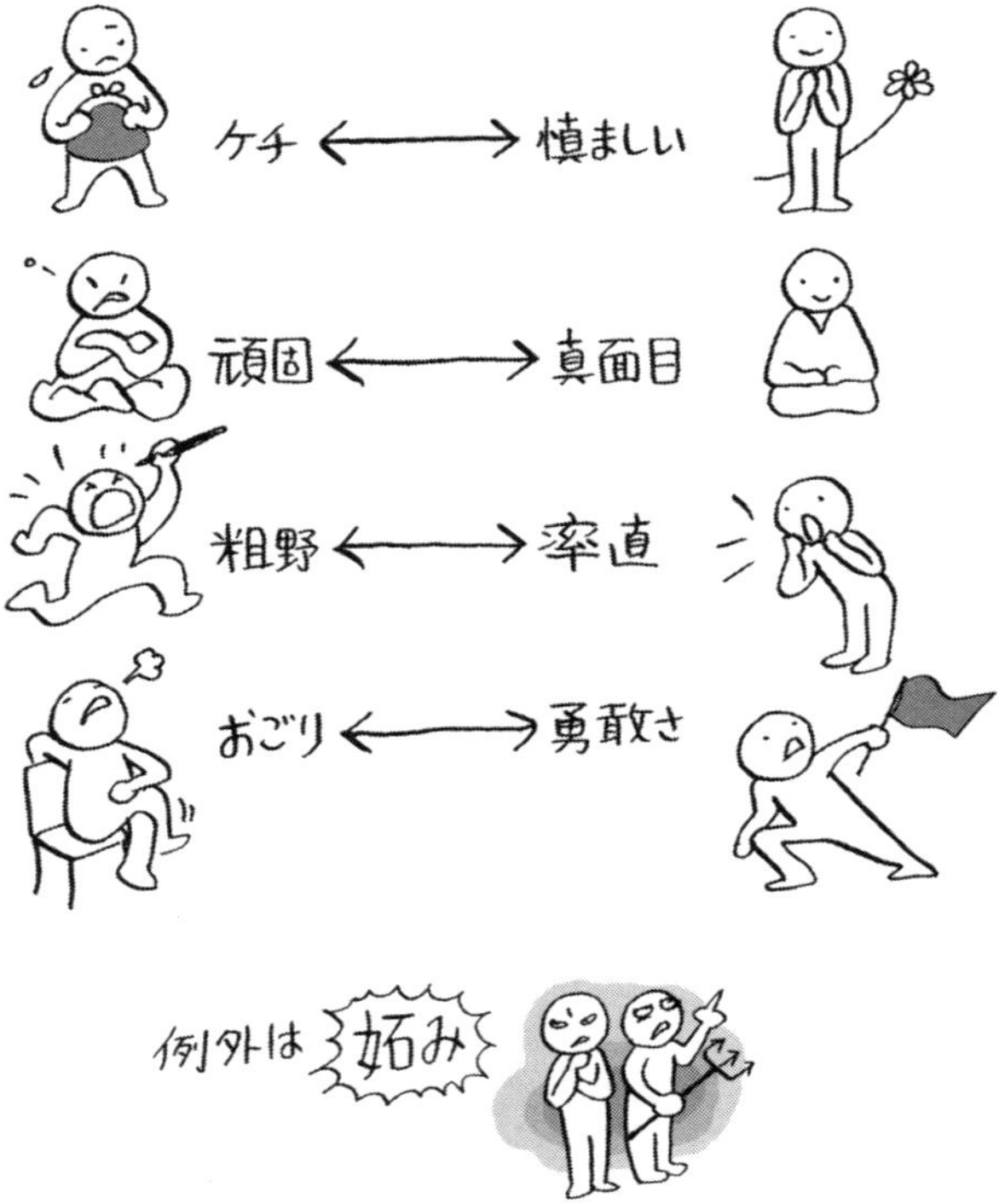

《妬みほどマイナスの感情はない》

欠点も裏を返せば長所となるのが普通

人間にはいろいろと欠点がありますが、人間社会に害を及ぼす最大の欠点は「妬み」です。

欲張り・ケチ・贅沢《ぜいたく》・誹謗《ひぼう》というのはどれも大きな欠点です。しかしよくよく見ると、本質のところでは別に悪いものではありません。それを出す場所と、その強弱の程度と、向かっていく方向によっては、欠点ではなくなってしまうのです。

たとえば、お金が大好きで飽くことを知らないのを欲張り・ケチと言います。しかし、お金が好きなのは人間の本性なので、それにしたがって満足を得ようとするのは、決してとがめられることではありません。ただ、道理の通らないお金を得ようとして、場所をわきまえず、際限もなくお金を欲しがり、お金を得る方向を誤って道を踏み外した場合は、欲張り・ケチと言われるのです。

だから、お金が好きという心の動きを見て、すぐに欠点と決めつけてはいけません。

長所と欠点の境目には、物事の道理があります。お金好きであっても道理の範囲にあれば、節約とか経済的と言うこともできるので、人間の目指す美点のひとつとなります。贅沢も同じです。自分の身をわきまえているかどうかで、長所になったり、欠点になったりします。

軽く暖かい服を着て、住み心地のいい家に住みたいと思うのは人情です。天の道理にしたがってその人情を満足させるのは、決して欠点ではありません。お金を集めて有効に使い、限度を超えないのは見事なことです。

また誹謗と批判も区別しにくいものです。他人に難癖をつけることを「誹謗」と言い、他人の迷いを解消し、自分が正しいと思っていることを主張するのが「批判」です。

しかし、絶対の真実がいまだに世の中で発見されていないのですから、どの議論が正しくて、どれが間違っているかは決められません。正しい正しくないが決まらない場合は、世の中の多数決によって判断すべきでしょうが、何が多数意見かを明らかにすること自体、大変難しいのです。

だから他人を誹謗する者に対して、すぐに人格的に問題があると非難してはいけません。それが本当に誹謗なのか、それともきちんとした批判なのかを区別するには、世界中の真理、絶対の真実を得る必要があるわけです。

そのほかに驕《おご》りと勇敢さ、粗野と率直、頑固さと真面目さ、お調子者と機敏さはペアになっています。どれも場面と、程度と、方向性によって欠点にもなり、美点・長所にもなります。

人を妬むのは一番いけないこと

ただひとつだけ、完全に欠点でしかなく、どんな場面でも、どんな方向性でも欠点中の欠点と言えるのは「妬み」です。妬みはその働きが陰険で、いいことはちっともありません。妬みは、他人の様子を見ては自分の状態に不平を抱き、自分のことを反省することなく、他人に要求するばかりです。そして不平を解消して満足する方法は、自分のプラスになることではなく、他人をおとしめ、害することにあるのです。

他人の幸福と自分の不幸を比較して、自分に不足があると感じたら、それを改善して満足するべきです。しかしそういう方法を取らずに、他人を不幸に陥《おとしい》れることで、自分と同じ不幸な状態にしようとします。『論語』に「これを悪《にく》んではその死を欲す」という言葉がありますが、まさにそれです。このタイプの人の不平を満足させようとすると、世の中の普通の人々の幸福が減るだけです。何の得にもなりません。

悪徳の多くは妬みの結果

嘘《うそ》をついたり、だましたりすることも妬みと同じくらい悪いことだ、と言う人もいます。しかし原因と結果を比較すれば、同じというわけにはいきません。嘘をつき、だますことは悪いことですが、これが必ずしも妬みを生み出すわけではありません。一方、嘘や欺きの多くは妬みから生み出されているのです。

妬みは諸悪の根源のようなものです。どんな人間の悪事もここから生まれてきます。猜疑《さいぎ》、嫉妬、恐怖、卑怯《ひきょう》などはすべて妬みから生まれます。それが内向的に出てくると、ひそひそ話や密談、内談、策略となり、外に向けて出てくると、徒党を組んだり、暗殺、一揆《いっき》、内乱になります。少しも国にプラスとなることがありません。自分も他人もひどい目にあいます。妬みとは、公共の利益を犠牲にして私怨《しえん》をはらすものです。

妬みが生まれた原因を考えてみると、ただ「窮」のひと言につきます。この場合の「窮」とは貧しさの「窮」ではなく、人間の自由な言論や行動を妨げ、自然な働きを行き詰まらせる「窮」です。

もし貧しさが妬みの原因なら、世の中の貧乏な人はみな不平を訴え、お金持ちをうらむので、社会は一日も持たないでしょう。でも事実はそうなっていません。どんなに貧乏で社会的な地位が低くても、その原因を知り、自分の責任であることを理解していれば、決して他人をうらんだりはしないものです。

以上のことから考えると、妬みは貧富の差や社会的な地位の低さから生まれるものではありません。**人間本来の自然な働きを邪魔して、いいことも悪いこともすべて運まかせの世の中になると、妬みが流行するのです。**

いい意味での「自業自得」

人間最大のわざわいは妬みであって、その原因は「窮」ですから、言論の自由、行動の自由を邪魔してはいけません。

世の中には国会の開設要求を出している者もいれば、出版の自由を主張する者もいます。なぜそうした議論が起こったかというと、日本国中を嫉妬が渦巻いた昔の大奥状態にせず、いまの人民を昔の大奥の女中状態にしないで、恨むかわりに活動させ、嫉妬の念を絶って互いに競い合う勇気を出させ、幸福も不幸も名誉も不名誉もすべて自力で獲得できるようにさせるためでしょう。つまり世の中の人々を、いい意味で「自業自得」にするのが目的なのです。

言論の自由を邪魔し、行動の自由を妨害するというと、政府のことだけに限った話のように思われるかもしれません。しかしそれは人々の間でも行われていて、毒を流すこともあります。

ですから政治だけを改革したところで、その原因を除くことにはなりません。そのことについてもう少し補足しましょう。

行動の自由を妨害するのはよくない

本来、人との付き合いを好むというのが人間の本性ですが、世の中との交際を避ける者もいます。わざわざ辺鄙《へんぴ》なところに住んだり、家の中に閉じこもって「俗世間の塵《ちり》を避ける」と得意になっている人もいます。

そういう人は心が臆病で弱く、物事に接する勇気がなく、度量が狭くて人を受け入れることができない人たちなのです。

こちらが人を受け入れられないとすると、相手もこちらを受け入れてはくれません。相手は一歩遠ざかるので、こちらも一歩遠ざかります。お互いにどんどん遠ざかって、挙句の果てに敵同士のようになり、うらみを抱きあうこともあります。これは世の中にとって大きなわざわいです。

相手がまったく面識のない人の場合、その人がやったことや言ったことが少しでも自分の考えと合わなければ、相手をいたわる気持ちは生まれず、それどころか相手を嫌いになって過剰に憎むということがよくあります。これもまた人間の本性であり、習慣です。

物事を相談するとき、伝言や手紙ではうまくいかないことでも、実際に会って話してみるとうまくいくことがあります。

また、「実はこういうわけなのだけれど、まさか面と向かっては言えない」という言葉をよく聞きますが、これは真実の気持ちです。相手のことを思って我慢する心が人間には備わっているのです。我慢の心があれば、お互いの気持ちも通じ合って、うらみつらみ、妬み嫉《そね》みの気持ちもたちまち消えてしまいます。

世の中には暗殺事件も多く発生しています。これは私がいつも言っていることです。「もし機会があり、殺そうとしている者と殺されそうになっている者を数日間同じところに置いておき、互いに隠し事をなしにして、本当の気持ちを告白させると、どんな敵同士であっても必ず仲良くなるものだ。それだけでなく、無二の親友になる場合だってあるだろう」。

言論の自由を邪魔し、自由な行動を妨げているのは、政府だけの話ではありません。人々の間でも頻繁に行われていることであり、学者であっても同じです。

物事に接しているからこそ、人生を活発に生きる気力が生まれるのです。だから自由に発言をし、自由に行動し、財産も、社会的地位も、個々人が自由に獲得できるようにして、まわりがそれを妨害するようなことはあってはなりません。

【解説】

人間にはいろいろな欠点がありますが、一番だめな欠点は人を妬むことだ、と諭《ゆ》吉《きち》は言っています。誰かが幸せになると、不幸になればいいのにと思うのが妬みです。思うだけでなく、本当に不幸になるように悪いことを仕掛けてしまう人もいます。諸悪の根源は妬みだ、とまで諭吉は言っているんですね。

その妬みがどうして生まれてくるのかというと、自由に行動できないからです。みんなが自由で、フェアな競争ができれば、うまくいかないことがあっても自分のせいだとあきらめがつきますね。たとえば自分がプロ野球選手になれなくても、メジャーリーグに行って、何十億円もお金をもらっている人を妬むかと言われたら妬みません。その選手を妬むというよりは、「しょうがないな」という気持ちになります。

でも自分に不自由なことがあると、人を妬んでしまうんですね。たとえば実力もないのに、親の力でいい地位について、お金持ちでいられる人がいたら、「なんなの、

◇

あの人」と思うでしょう。そういう妬みが生まれないような社会をつくろうと諭吉は言っているわけです。

そのためにはみんなが公平にチャンスが得られるフェアな社会にしなければいけません。また人づきあいをしないと、人を妬みやすくなるので、私たちは他の人の行動を邪魔することがないような開けたつきあい方を学ぶ必要があるんですね。

【キーセンテンス】

凡《およ》そ人間に不徳の箇条多しと雖《いえ》ども、その交際に害あるものは怨望《えんぼう》より大《だい》なるはなし

（およそ人には欠点が多いものだが、人間社会において最大の害があるのは怨望よりほかにない）

第一四編　人生設計の技術

【福澤諭吉からのメッセージ】

ちゃんと計画を立てないと、人生もうまくいかないよ

【本編の要点】

人間は愚かな生き物だから、先々の計画を立てたほうがいい。そして計画が実行されたかどうかの点検も行うのである。知性と徳と仕事の棚卸《たなおろ》しをすれば、人は進歩していける。また「世話」には、その人を見守る「保護」とその人のために命令する「指図」の二種類ある。この二つを過不足なく行えば、不都合は起きない。

〈人生はビジネスと同じ〉

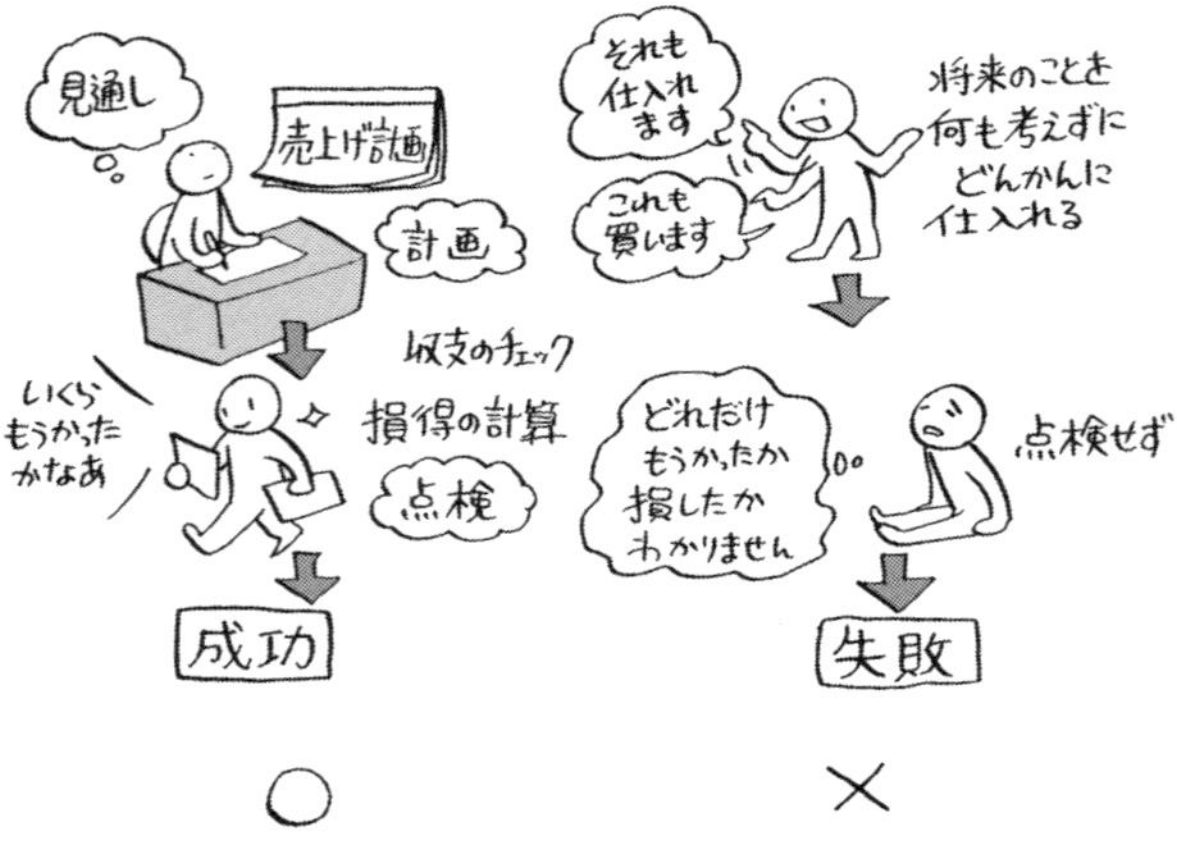

〈保護と指図はセットで考えよう〉

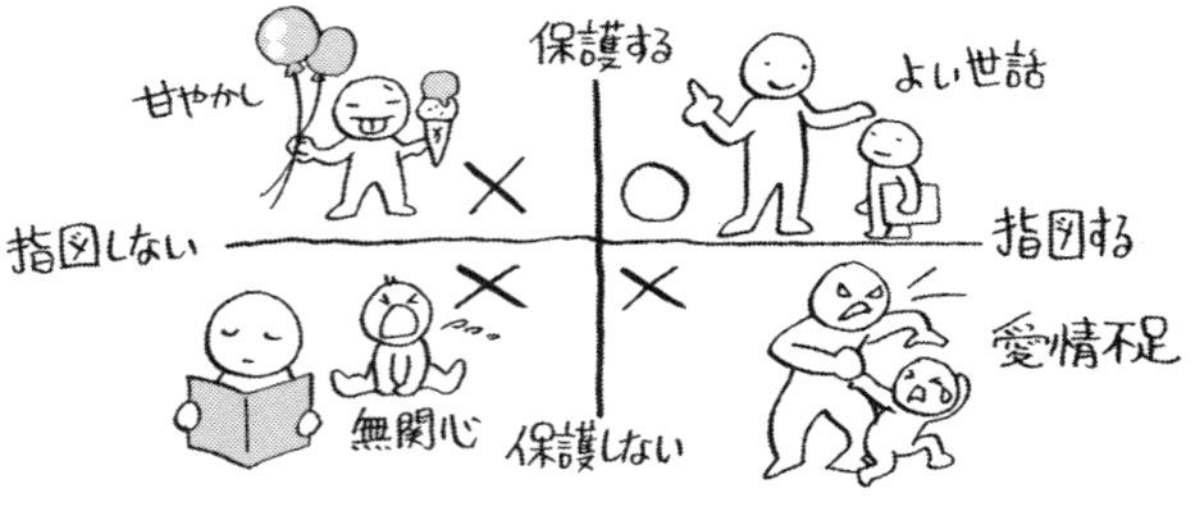

《心を棚卸しする》

人生は思い通りにならない

たいがいの人は世を渡る中で、自分で思っているよりも案外悪いことをし、自分で思っているよりも案外愚かで、自分で目指すほどには成功しないものです。

どんな悪人であろうと、生きている限り全力で悪事だけを働こうと思ってはいないものです。ただ物事に出会ってふと悪い心が生まれて、自分でも悪いことだと知っていながらやってしまいます。そのうえで、いろいろと身勝手な理由をつけて自分を無理やり納得させていたりするのです。

あるいは自分がすることを悪い事とは決して思わず、少しも心に恥じることがないどころか、本心からよいことだと信じている者もいます。他人に意見を言われると、それに対して怒ったり恨んだりするのですが、年月がたって後から考えれば、本当に自分が悪かったのだと恥ずかしく思ったりするのです。

人の性質には賢い／愚か、強い／弱いという区別はあります。それはわかっていても、まさか自分が動物以下の知能の持ち主とは思っていません。だから、いろいろな仕事を見てみて、これなら自分にもできると思い、その仕事を引き受けます。けれども実際にやってみると、思いのほかたくさんのミスをしてしまいます。結局思うように仕事がこなせずに、人から笑われ、自分でも後悔するということも多いでしょう。

成功しようと事業を起こして失敗する者をはたから見ていると、実に抱腹絶倒、腹を抱えて笑ってしまうようなバカをやっているように思えます。しかし、やっている本人は必ずしもそんなに愚かでもなく、よくよく話を聞いてみると、しかたないと納得できるような理由があるものです。

結局世の中は生き物のように変化するので、前もってその動きを知ることは簡単ではありません。そのため賢い人間でも、案外バカなことをしてしまうのです。

計画を立てるのは難しい

人の計画は、常に大きくなりがちで、達成する難しさや事の大小、かかる時間の長さを比較検討することはとても難しいものです。

ベンジャミン・フランクリン（一七〇六〜九〇）は「十分だと思っていても、実際に事に当れば、必ず不足を感じるものだ」と言っています。まったくその通りです。

たとえば地方の学生が故郷を出るとき「苦しい思いをしてでも三年の間に学問を修めよう」と思っていたとして、必ずその誓いが守れるものでしょうか。

やっとのことで手に入れた待望の洋書を「三か月以内に読破するぞ」と意気込んでも、果たしてその通りにできるでしょうか。

志の高いインテリが「私が政府で仕事をすれば、事務処理はスムーズに行い、あの改革についてはこのように処理して、半年の間に政府をガラリと変えてみせる」と考えていました。さて、何度も意見書を出し、念願かなって政府仕《づか》えになったとして、はたして考えていた通りのことができるでしょうか。

このような夢想は、数え上げればきりがありません。すべては物事の難易度と時間の長短を比較検討できていない結果です。時間の計算が甘すぎ、物事を簡単に見すぎているのです。

世の中で何かをやろうとしている人の話を聞くと、「一生のうちに」「一〇年以内には必ずやり遂げる」と言う者が最も多く、「三年のうちに」「一年以内に」という者はやや少なくなります。「ひと月のうちに」「今日計画して、いまからはじめる」という者はほとんどいません。「一〇年前に計画していたことは、もうすでにやり遂げました」という者など、これまでお目にかかったこともありません。

このように、将来に向けて長い期限を設けて言うときは、すごいことを計画しているのに、期限が短く、身近に迫っているようだと、はっきりと計画を口に出せません。つまり何かをやろうと企てるときに、どのくらい時間がかかるのかを考えず、しっかり計算していないということです。

心の棚卸しのすすめ

人生は自分が思うほどにはうまくいかないものです。しかし、そうならないための方法がひとつあります。

それは、**事業がうまくいくかいかないか、損か得かについて、ときどき自分の心の中でプラスマイナスの差し引き計算をしてみることです。**商売でいうと、棚卸しの決算のようなものです。

商売をするとき、はじめから損をしようと考える者はいません。まず自分の能力と元手（資金）を考え、世の中の景気を判断して事業を始めます。変化する世の中の動きに応じて、あるものは当り、あるものははずれ、こちらの仕入れでは損をし、あちらでは利益を出し、一年または一か月の終わりに決算をすると、見込みどおりになった物もあれば、見込み違いだった物もあるというわけです。

また、売れ行きがとてもよいので必ず利益が出ると思っていた物が、棚卸しの決算書を見てみると、思いのほか損失になっていたりします。仕入れるときには品不足と思っていた物が、棚卸しの在庫を見てみると、なかなか売れなくて、仕入れが多すぎたということもわかります。商売で必要かつ重要なことは、ふだんからきちんと帳簿をつけ、棚卸しの決算を間違えないようにすることです。

人生についても同じことが言えます。人生という商売は、十歳前後で人間らしい心ができたときから始まります。だから普段から知性や人格、やってきたことの帳簿をきちんとつけて、損失が出ないようにしなければいけません。

「自分は過去一〇年間に何を損して何を得たのか。いまはどんな商売をやっていて、その商売は繁盛しているか。今現在は何を仕入れ、どう売りさばくか。ここ数年は心の店の取り締まりは行き届いているか。遊びグセや怠けグセのある店員がいるため、損失を出してはいないか。来年も同じ商売を続けていて大丈夫か。さらに知性や人格を磨くよい方法はないものか」などと帳簿の点検をし、棚卸しの決算をするといいのです。

その結果、きっと自分自身の中に不都合なところが見つかるでしょう。

これまでの自分を点検しよう

自分の人生の棚卸しをしないために、不都合なことを抱えた例はいくらでもあります。

たとえば、和漢の古い書物だけを研究し、西洋の日々進歩する学問には目も向けず、古い価値を信じて疑わなかった者がいます。これでは過ぎ去った夏の暑さが忘れられず、冬の初めに蚊帳《かや》を買い込むようなものです。

地理や歴史の初歩もまだ勉強しておらず、普段の手紙もろくろく書けないのに、むやみにレベルの高い本を読もうとして、始めの五、六ページで挫折する。それなのにまた別の本を読もうとするのは、元手なしに商売をはじめて、しょっちゅう業種を変えるようなものです。

天下を治めることを知っているのに、わが身を修めてコントロールすることを知らない者は、隣の家の家計簿に口出ししながら、自分の家が盗賊に入られたのを知らないようなものです。

口では最新流行のことを言いながら、心の中でしっかり理解できていなくて、自分自身についても深く考えない者は、売り物の名前は知っていながら、値段を知らないようなものです。

このような不都合は、決して珍しいことではありません。その原因は、流れのままに生きているだけで、自分自身を反省しなかったことにあります。

「これまで自分は何をやり、いまの自分は何をしており、これからどんなことをすればいいのか」と自分を点検しなかったことによるのです。

商売の状態を明らかにし、今後の見通しを立てるのが帳簿の決算です。自分自身のおかれた状態を明らかにして、今後の方針を立てるというのは、知性と徳と仕事の「棚卸し」なのです。

《世話という言葉の意味》

世話には保護と指図がある

「世話」という言葉には、「保護」と「命令」という二つの意味があります。

保護とは、人をかたわらで見守り、危ないことから護《まも》り、物や金を与え、その人のために時間を割いて、利益や面目が失われないように世話をすることです。

命令とは、その人のためを考え、利益になるだろうことを指図し、ためにならないことには意見をし、心から親切に忠告することです。これもまた世話という言葉の意味のひとつです。

「保護」と「命令」の両方の意味を含めて人の世話をすれば、本当の意味でよい世話となり、世の中もまるく収まるでしょう。たとえば親子の場合、両親が子どもに衣食を与えて世話をすれば、子どもは両親の言うことをよく聞いて指図を守り、親子の間に不都合なことは起きないでしょう。

政府の場合は、法律を作って国民の生命と面目と財産を大切に取り扱い、人々が安全であるように保護し、人民は政府の命令にしたがって指図にそむかなければ、政府と国民の間もまるく収まるものです。

つまり、**保護と指図はつきつめると両方とも同じものなのです。その範囲は一ミリの狂いもあってはなりません。保護が行き届けば、そこには守らなければならない指図があり、指図されるときには、必ず同時に保護が行われなければなりません。**

もしそうならずに、この二つの範囲に微妙なズレが生じることがあると、たちまち不都合が起こってわざわいを招いてしまいます。

保護と指図にズレがあるとうまくいかない

たとえば父母の指図を聞かない道楽息子にむやみに金を与えているというのは、保護の世話は行き届いていても、指図の世話が欠けています。

逆に、子どもはちゃんと勉強をして父母の言うことを聞いているのに、親のほうは子どもに十分な衣食の面倒をみず、十分な教育も与えないとしたら、指図の世話だけして、保護の世話を怠っているのです。

一方は親不孝で、他方は愛情不足です。どちらもよくありません。

また「貧民救済」などと言い、その困っている者がどんな人間か、貧乏の原因は何かなど考えず、ただ貧乏な有様《ありさま》を見て、食料や金を援助する人たちがいます。

身寄りがなく頼る相手もいない者に対する援助はもっともなことですが、五升《しょう》の米をもらえば三升を酒にして飲んでしまう者もいるものです。禁酒の指図もできないのに米を与えるのは、指図が行き届かないのにもかかわらず、行き過ぎた保護を与えることになります。イギリスなども、貧民対策に悩むのは、この保護と指図のズレだという話です。

この「保護」と「指図」の理屈を一国の政治に当てはめると、人民は税金を出して政府に必要な費用を負担し、その財政を保護するものです。それなのに専制政治を行い、人民の意見を少しも取り上げず、意見を言う場所すらないというのでは、保護のほうは達成されているのに、指図の道はふさがれていることになります。人民にとっては、実に理不尽なことです。
ここにあげた「世話」の二つの意味は、経済論の中でも最も大切なことです。だから、世の中を渡っていくときには、どんな職業につくにしろ、あるいは状況が差し迫っていようといまいと、いつでも注意しておく必要があります。

◇

【解説】

この編では「人生をビジネスのように考えろ」と言っているところが面白いですね。商売をするときは、どれぐらい売上を上げようか計画を立てます。そしてどれくらい損をして、どれくらいもうかったかをチェックしますね。

この計画、点検をやらないと、商売は大変なことになってしまいます。ビジネスではちゃんとそういうことをするのに、なぜ人生で、計画の立案や帳簿のチェックをやらないのだろう？　と諭吉《ゆきち》は言っています。私たちは人生においてもいままでの点検とこれからの計画が大切なんですね。

この編にはもうひとつ書かれていることがあって、それは「世話」についてです。

世話には「保護」と「指図」の二つの意味があります。たとえば親が子どもを保護するのは当然ですし、子どもが親の指図に従うのも当然です。これを国と国民にあてはめると、国がやたらと指図ばかりして保護を与えないのはよくありません。保護と指図は両方セットにならないといけないんですね。

【キーセンテンス】

十分と思いし時も事に当れば必ず足らざるを覚ゆるものなり

(十分だと思うときも、実際に事に当たれば、必ず不足を感じるものだ)

第一五編　判断力の鍛え方

【福澤諭吉からのメッセージ】

正しい判断力を身につけるには、学問が欠かせないんだ

【本編の要点】

　文明の進歩はつねに疑うことから出発した。学問があれば、何を信じ、何を疑えばいいのか判断できる。西洋文明をすばらしいと思うあまり、西洋を信じすぎ、日本のよさを捨てるのはおかしい。それぞれのよさを見極める判断力を大事にしよう。

〈文明は疑うことから進歩した〉

〈学問しないと判断力が身につかない〉

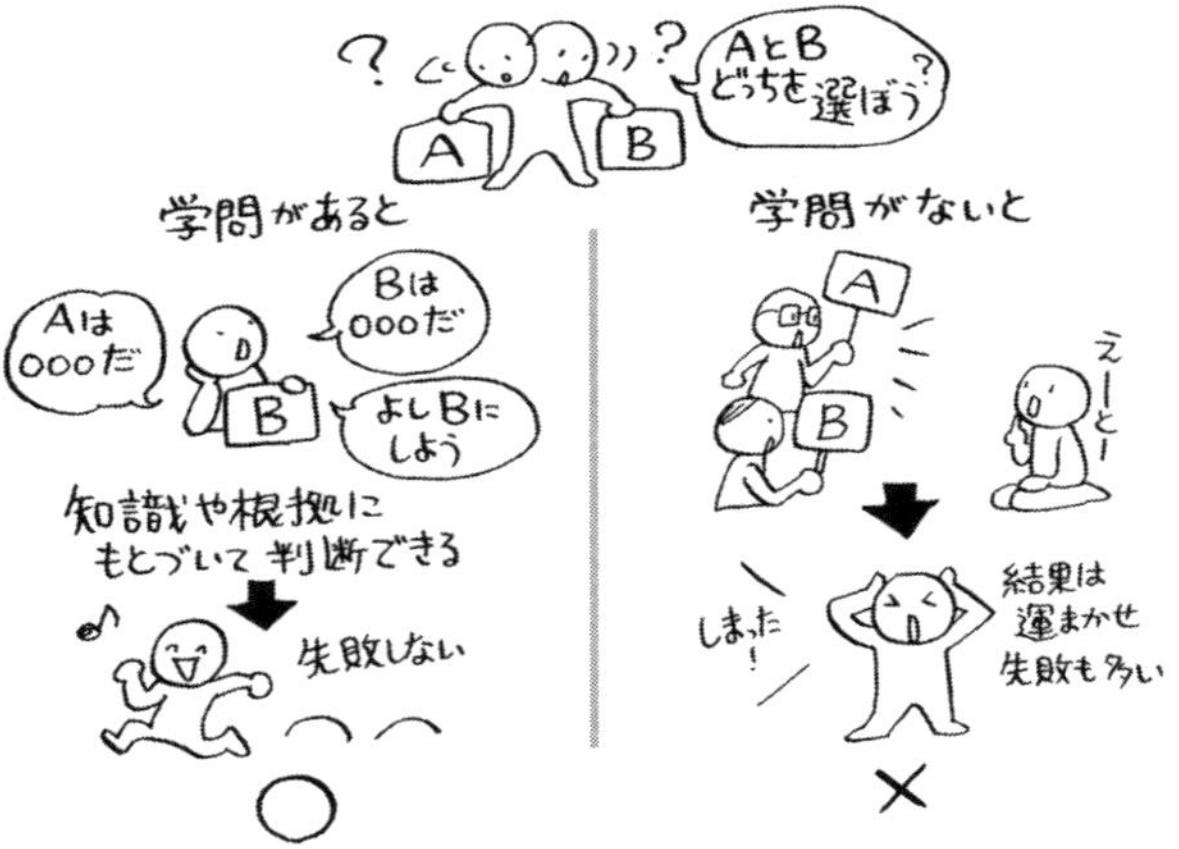

《判断する前に疑え》

疑うことから文明は始まる

世の中では信じることに偽りが多く、疑うことに真理が多いと言えます。世の中の愚かな者たちは、人の言葉を信じ、本に書いてあることを信じ、俗説を信じ、噂話《うわさ》を信じ、神仏を信じ、占いを信じます。

人々が信じている大概のことは、じつは偽りかもしれません。だから「信じることに偽りが多い」と言っているのです。

逆に西洋諸国の人々が今日のような文明に達したのは、すべては「疑う」ことが出発点でした。

ガリレオ（一五六四～一六四二）が天動説を疑って地動説を発見し、ガルヴァーニ（一七三七～九八）がカエルの脚の痙攣《けいれん》を見て動物電気を発見し、ニュートン（一六四二～一七二七）がリンゴが木から落ちるのを見て重力の理論に疑いを持ち、ワット（一七三六～一八一九）がヤカンから出る湯気を見て蒸気の働きに疑いを持ったように、**どれもみ**

んな疑うという道を通って真理の奥に到達したのです。

自然科学だけではなく、社会の進歩も同じです。

トーマス・クラーソン（一七六〇～一八四六）が奴隷制度に疑問を持ったおかげで、イギリスの奴隷貿易は廃止されました。ローマ・カトリックの教えは迷信ではないかと疑って宗教改革を起こしたのは、マルチン・ルター（一四八三～一五四六）です。フランスの人民は貴族が栄える世の中に疑問を持って革命を起こし、アメリカの人民はイギリスの法律を疑って、独立を成し遂げました。

いまも西洋の学者たちは毎日のように新しい説を唱えて、文明の世界を引っ張っていっています。その様子を見ていると、ただ昔の人が間違いなく正しいと言っていた理論に反対を唱え、世の中で疑う余地もなく当然とされていることを疑っています。

いまの社会では、男は外で働き、女は家の仕事をするものであり、それが自然だと考えられていますが、J・S・ミル（一八〇六～七三）は『婦人論』という本を書き、永久に変わらないとされてきたこの習慣を打破することを試みています。

イギリスの経済学者の多くは自由貿易に賛成しており、この説を信じる人はまるで世界のどこでも通用する確立された説のように言いますが、アメリカの学者の中には保護貿易を唱え、自国の国益優先の経済学説を主張する者がいます。

ある議論が出ると、それにたいして他の説が反論し、異論争論はおさまりません。異論を出して議論をし、物事の真理を求めることは、まるで逆風の中で船を進めるようなものです。右に左に波に揺られ、風に逆らい、数百キロの航海に出たのに、まだわずか一〇キロ、二〇キロ進んだに過ぎません。実際の航海は順風を利用できますが、社会的な事象ではそうはいかないのです。

しかし、**社会が進歩して真理に到達するには、異論を出して議論しあうという以上の方法はありません。そして、そこで争われる説は、「疑う」ことから発したものです。「疑うことに真理が多い」**とは、以上のようなことです。

学問は判断力を養うためにある

とはいえ、物事を軽々しく信じてはいけないのなら、軽々しく疑うのもいけないことでしょう。「信じる」「疑う」については、物事の取捨選択をする判断力が必要です。学問はこの判断力を確立するためにあるのです。

わが日本も、開国して以来、急激に人の心が変化し、政府を改革し、貴族を倒し、学校を作り、新聞社を作り、鉄道・電信・兵制・工業など多くの物事について、古い制度を改めました。どれも数千年以来の習慣に疑いを持ち、変革を試みたから、成功したのです。

しかし、日本の人民が数千年の習慣に疑いを持った原因はと考えると、開国して西洋諸国と交際し、西洋文明の素晴らしさを信じ、それを見習おうとして自分たちの古い習慣を疑ったからです。ですから、自発的に疑いを起こしたとはいえません。

これまで古い習慣を信じていたように、いま新しいことを信じているのであって、昔は東洋を信じていたのが、いまはそれが西洋に取って代わっただけです。判断力がちゃんと備わっていたかどうかは怪しいものがあります。

西洋文明を盲信しすぎるな

最近の世の中のようすを見ると、レベル的に言えば中程度以上の改革者たちや、西洋かぶれの学者たちは、口を開けば西洋文明のすばらしさを唱えています。知識や道徳の教えから政治・経済・衣食住のこまごましたことまで、誰かが言えば、みながそれをまねし、すべて西洋のやり方がいいと思い、手本にしています。

西洋ではそれがどういう事情になっているかもわからないものまで、古いものを捨てて新しいものに飛びついているようです。**軽々しく物事を信じすぎ、疑うことをおろそかにしすぎです。**

西洋文明はたしかに、わが国の文明を数段上まわっていますが、けっして完璧な文明というわけではありません。欠点を数えればきりがありません。西洋の風俗をすべてすばらしいものと信じてはいけません。わが国の風俗をすべてだめだと疑ってはいけません。

日本と西洋の良し悪しを見極める

そこでためしに西洋と日本の風俗習慣を取り替え、西洋かぶれの先生に評論してもらうとするとどういうことになるか、想像で書いてみましょう。（注：西洋と日本が逆になっているので、そこに注意して読むこと。）

西洋人は毎日風呂に入りますが、日本人が風呂に入るのは月にわずか一、二回です。西洋が好きな先生なら、こう言うでしょう。「文明が開けた国の人々はしょっちゅう風呂に入って皮膚の蒸発を促し、衛生を保つ方法を知っているのに、未開の日本人はその理屈を知らない」。

日本人は寝室に尿瓶《しびん》を置いて、それに用を足し、トイレで手を洗いません。一方西洋人は夜中であっても起きてトイレに行き、どんなことがあっても必ず手を洗います。西洋かぶれの先生はきっとこう言います。「文明人は清潔を大事にするのに、未開人は不潔がどんなものであるかも知らない。知識が発達していない子どもが、きれい汚いを区別できないのと同じだ。しかし、いまは未開の人々でも、しだいに文明が開けてくれば、西洋のよい習慣をまねるようになるだろう」。

西洋人はちり紙で鼻をかみ、使うたびに捨てるのが習慣です。ところが日本人は紙の代わりにハンカチを使い、使っては洗濯してまた使います。ということであれば、たちまち理屈をひねり出して、こんな細かいことから経済論を展開して、こう言うのではないでしょうか。「資源の乏しい国では、人民はいつのまにか節約するようになるものだ。日本人がみな西洋人のようにちり紙を使えば、国の資源をいくらか浪費することになるだろう。不潔なのを我慢して布を使うのは、資源が足りないせいだ。だからやむを得ず節約に追い込まれているのだ」。

日本の女性がピアスをし、下腹部をコルセットで締め付けるのを見れば、生理学上の理屈を並べ、顔をしかめて言うでしょう。「ひどいものだ。未開人は道理がわかって自然に従うことを知らないばかりか、わざわざ肉体を傷つけて耳に飾りを下げ、女性の体の中でも最も大切な下腹部を締め付けて蜂《はち》の腰のようにしている。これでは妊娠の機能を妨げ、出産時の危険を増やしているようなものだ。小さいところでは家族の不幸となり、大きく言えば国家の人口増加に悪影響を及ぼすだろうに」。

日本人が煙草《たばこ》を噛《か》み、紙巻きの煙草を吸っており、西洋人が煙管《きせる》を使っていたら、「日本人は技術がないから、煙管も発明できないのだ」と言うでしょう。

味噌《みそ》も舶来品だったら、ここまで軽蔑されたりはしないでしょう。豆腐も西洋人の食卓に出されれば、もっと評判がよくなるでしょう。鰻《うなぎ》の蒲焼《かばやき》、茶碗蒸《ちゃわんむ》しなどは世界一の美味として評価されるのではないでしょうか。こういうことを数え上げるときりがありません。

つまり西洋ばかりがすばらしいとは限らず、日本のほうが優れている点もたくさんあるということです。

親鸞とルターを入れ替えて考えると?

話のレベルを引き上げて、宗教を例に挙げてみましょう。

四〇〇年前に、西洋に親鸞《しんらん》が出て、日本にマルチン・ルターが出たと仮定します。

(注:言うまでもないことですが、実際は逆です。)

親鸞は西洋に広まっていた仏教を改革して浄土真宗を広めました。ルターのほうは、日本にあるローマ・カトリックに敵対するプロテスタントの教えを開きました。これについて、西洋かぶれの先生はきっとこう言うでしょう。

「宗教の最大の目的は人類を救うことだ。人を殺すことにあるのではない。この部分が間違っているなら、ほかがどのようにすばらしくても駄目だ。西洋の親鸞は人類を救うという精神を体現して、たいへんな苦難を重ね、ついにその国の宗教を改革し、いまでは全国民の大半はその教えに従っている。親鸞の死後に教えを守った者は、宗教のことで他の宗教の者を殺したりはしなかったし、また殺されたこともなかった。宗教の徳で教化を成し遂げたといえる。一方、日本を見れば、ルターが世に出てローマ・カトリックと敵対したが、カトリックは虎のように、プロテスタントは狼《おおかみ》のように、互いに争い、血を流した。ルターの死後、宗教のために殺された日本の人民は数知れず、その災禍はとても言葉には尽くせないひどいものになった。野蛮な日本人はなんと殺伐とした人たちだろうか。人類救済の教えにより、人間という尊い存在を苦しみのどん底に陥《おとしい》れ、敵を愛する教えによって罪もない人間を殺し、いまに至ってその成果を見ると、プロテスタントは日本人の半分も教化できていない」。

学ぶことで判断力を鍛えよう

以上に述べたようなことであれば、日本の古い習慣を嫌って西洋の事物を信じる姿勢は、軽薄だと言われても仕方がないのではないでしょうか。西洋文明はもちろん慕うべきです。しかし、これを慕って軽々しく信じこむくらいなら、信じないほうがまだましです。

西洋が豊かで強いというのは、うらやむべきことです。しかし、その人民の間にある貧富の差までまねしてはいけません。日本の税金は低いわけではありませんが、英国の民衆が地主に虐げられている苦痛に比べると、日本の農民はまだ幸せだと思ってしまいます。西洋諸国で女性が尊重されているのはすばらしいことですが、たちの悪い妻が思うままに夫を苦しめ、不良娘が両親を軽蔑して素行が悪いことに心酔してはいけません。

それでは日本でいま行われているさまざまな事は、はたしていまのままでいいのでしょうか。会社の法はこれでよくて、政府の仕組みはいまのままでいいのでしょうか。それだけでなく、いま私たちがやっている学問の方法も、いまのままでいいのか、というようなことを考えると、次々に疑いが生まれて止まらなくなり、暗闇で手探りをするような状態です。

こうした雑然とした混乱の中で、東西のものをよく比較して、信じるべきことは信じ、疑うべきことは疑い、取るべきところは取り、捨てるべきところは捨てる。その判断を下すのは非常に難しいことです。そしてこの判断を任せられるのは、他でもない、私たちのように学問をしている者だけなのです。学問する者は頑張らなくてはいけません。

◇

【解説】

第一五編では判断力を鍛えることの重要性とその方法について書かれています。私たちは何かを信じたり、疑ったりして、その都度判断しながら進歩してきました。日本でも江戸時代から明治になるとき、人々は何を取り入れて、何を捨てるか考えたわけです。そしてちょんまげや刀を捨てたんですね。

でも西洋の文明が進んでいるからといって、日本の全部を捨ててしまっていいわけではありません。日本にもいいものがたくさんあります。諭吉《ゆきち》が「鰻の蒲焼や茶碗蒸しは最高！」と言っているところは面白いですね。

西洋かぶれの人を批判するために、ルターと親鸞を置き換えるなど、西洋と日本を置き換えて論じているところはなかなか興味深いものがあります。西洋はよくて日本はだめ、と決め付けている人が読めば、自分の間違いに気づけます。

論吉は「西洋の学問に近づこう」と主張している一方で、やたらと西洋万歳で、西洋のものがすべて正しいとするのはやめようと言っています。混沌《こんとん》とした世の中で、いろいろなものを比較し、信じるべきものは信じて、疑うべきものはちゃんと疑えるのは、正しい判断力があるからです。その判断力を養うのは学問だから、私たちはきちんと学問をしなければいけないと論吉は言っています。

【キーセンテンス】

この信疑の際につき必ず取捨の明《めい》なかるべからず。蓋《けだ》し学問の要は、この明智《めいち》を明らかにするに在るものならん

（信じる、疑うということについては取捨選択のための判断力が必要である。学問はこの判断力を確立するためにあるのではないだろうか）

第一六編　正しい実行力をつける

【福澤諭吉からのメッセージ】

口で言うだけじゃなくて、ちゃんと実行しよう

【本編の要点】

　独立には経済的な独立と精神的な独立がある。財産は独立の基礎になるが、それに支配されて精神の独立を失ってしまうのはよくない。また言葉と行動にズレがあるとバランスがとれなくなる。世の中には文句だけ言って、行動しない人がいるが、自分でやってみると大変なことがわかるだろう。

〈物をもっていることを独立とは言わない〉

〈言行一致が大切だ〉

《身近な独立を守る》

独立には二種類ある

最近「不羈独立《ふきどくりつ》」という言葉をよく聞きます。「何ものにも縛られず、また援助も受けないで独力で道を切り拓《ひら》いていく」というような意味ですが、この言葉の本当の意味をきちんと理解することが大事です。

独立には二種類あります。ひとつは形があるもの。ひとつは形がないものです。言い方をかえると、「物質における独立」と「精神における独立」です。

物質における独立とは、自分の財産を持ち、仕事をして、他人の世話や厄介にならないよう、自分と自分の家をちゃんとした状態にしておくことです。ひと言で言うなら、人から物をもらわないことです。こちらは目に見える形のある独立なので、わかりやすいでしょう。

一方、形がない精神の独立は意味が深く、いろいろなことと関わりがあります。独立とは無関係に思えることでも実は大事な要素だったりするので、誤解をしている人も多いのです。

物に支配されてはいけない

「一杯、人、酒を呑《の》み、三杯、酒、人を呑む」ということわざがあります。「お酒を好む欲望のほうが人間の本心を支配し、その独立を妨げる」という意味です。

このように本心を物に支配されてしまい、本心の独立を妨げている例が世の中にはたくさんあります。

持っている羽織ではこの着物には合わないからと新しい羽織をつくり、この衣装と釣り合わないからと新しい煙草入れを買い、衣服がそろえば、今度は家が狭いのは不自由だと不満に思います。そして家を立派にすると、宴会を催さないわけにはいかなくなります。鰻丼《うなどん》を食べれば、西洋料理が食べたくなり、西洋料理の次は金時計が欲しくなり、そんな調子で次から次へときりがありません。

物が人を使って物を求めさせ、人間は物の支配を受けて奴隷になってしまっています。

物の支配を受けるとは言っても、いまの話は自分の持ち物です。自分の家の中で、自分の持ち物の奴隷になっているに過ぎません。

しかし、ひどい話になると、他人の持ち物の奴隷になるという例もあります。

ある人が洋服を作ったので、自分も同じものを作ったり、隣が二階建てにしたので、自分の家を三階建てにするという話です。

もっともおかしいのは、他人の持ち物を勘違いして、振り回されることです。たとえば隣の奥さんが上等な縮緬《ちりめん》に純金のかんざしを持っていると聞いて羨《うらや》ましくなり、自分もと注文します。ところが後でよく見ると、隣の家のかんざしは綿縮緬に金メッキだった……。

この場合、自分の本心を支配しているのは、自分の持ち物でもなく、他人の持ち物でもなく、たんなる妄想に過ぎません。自分の生計がその妄想に支配されたということです。

このような妄想的な世界に取りつかれていたら、いくらお金があっても、あとかたもなく使い果たしてしまうでしょう。そのうえ財産や職をうしないでもしたら、無気力の間抜けのようになってしまいます。家に残るものと言えば、役に立たないものばかり。

身についたものと言えば贅沢《ぜいたく》の習慣だけ。これではほんとうに気の毒です。

財産をつくるのは一身独立のための基礎になる、と言って苦労しながら財産をつくり、その財産に支配されて、独立の精神を失ってしまったとしたら、独立を求める手段によって、独立そのものを失ったといえます。

守銭奴のようになれとは言いませんが、お金の使い方を工夫し、お金を支配してお金に支配されず、精神の独立を損なわずに維持していくことが大切なのです。

《心と行動のバランスをとる》

「議論」と「実行」は違う

「議論」とは心に思うことを言葉にして発したり、書き出したものです。ちなみにまだ言葉にもしていないし、書き物にもしていないでただ心に思っているだけなら、心事、あるいは志です。

だから議論の段階では、心の外側、つまり外界の事物に実際には関わっていません。

結局のところいまだ心の内側にあるものであり、自由で制限を受けないものです。

一方「実行」は心に思ったことを外に表して、外界の事物に接して実際に処理することです。だから実行には必ず制限があります。事物に阻まれるため、自由ではありません。

昔の人はこの二つを区別するとき「言」と「行」と言ったり、「志」と「功」と言ったりしました。「言行に齟齬《そご》がある」とは、議論として言うことと実際の行いが食い違っており、一致していないことです。言葉と行動に違いがあるのはよくありません。**議論と実行は、少しのズレもないよう、きっちりバランスを取らなければいけません。**

ここでは初心者にもわかるように「心」と「働き」という言葉を使い、そのバランスをうまく取ることでもたらされるメリットと、バランスをうしなった場合の弊害について論じましょう

心は高尚で見通しがよく賢いのがいい

第一に、人の働きには大小軽重の区別があります。

たとえば芝居も学問も人の働きです。人力車を引くのも、蒸気船を運転するのも、鍬《くわ》をとって農業をするのも、本を書くのも、同じ人間の働きです。しかし、役者になるよりも学者を選び、車引きをやらないで航海術を学び、農業の仕事に満足できなくて本を書く仕事をするのは、働きの大小軽重を分かっていて、軽小よりも重大を選んだわけで、すばらしいことです。

その区別をつけ、選ぶのは心であり、志です。重大な働きを選ぶ志を持つ者を「心が高尚な人」と言うのです。人間の心は高尚でなくてはいけません。心が高尚だからこそ、働きも高尚になるのです。

第二に、人の働きには、難易度には関係なく有用なものと不用のものがあります。囲碁や将棋は簡単なものではありません。その技術を研究し工夫する難しさは、天文・地理・機械・数学といった学問と変わりません。しかし、役に立つということで言えば、その大小は比較になりません。**自分がやろうとしていることは役に立つかどうかをはっきりと知り、役に立つほうを選ぶ者は、心の見通しがよい人物です。**

第三に、人の働きには規則がなくてはいけません。

働きを行う場合は、時と場所をわきまえないといけません。宴会の最中に道徳の説教を唱えても、人に馬鹿にされるだけです。

時と場合をわきまえて、ルールに従うのが心の賢さです。働きは活発でもこの賢さがなければ、蒸気があってもエンジンがなく、船に舵《かじ》がないようなもの。害があるばかりです。

働きがともなわないとバランスは崩れる

以上は働きがあるのに心が行き届かなかったことで起こる弊害です。次は逆の話で、第四は、**志は高くても実際の働きがともなわなければだめだ、**という話をしましょう。

志は高くても働きが少ない者は、常に不平不満を抱えているものです。「自分にできる仕事はどれも理想からは外れており、そんな仕事はいやだ」と言います。かといって、自分の理想にかなうような仕事をするには、実力が不足しています。

その原因は自分にあると思わないで、他を批判します。「時代に合わなかった」「チャンスに恵まれなかった」と言い、この世の中に自分のするべき仕事はないと思い込むのです。その心の様子をたとえると、人に金を貸したことなどないのに、返済が遅いといって恨むようなものです。

世間にはこうした不平不満を抱く人がたいへん多いのです。見た目も活発で、心の中の喜びが外にあふれ出ているような人は滅多にいません。目に付くのは物事を憂いている人ばかりです。その表情ときたら、お葬式に借りていけばぴったりと思われるものばかりです。本当に気の毒なことです。

不平を言う前に引き受けて試しにやってみよう

志は高く働きがともなわない者は、人に嫌われて孤立することもあります。

自分の働きと人の働きを比較して、とうていかなわない場合でも、自分の高い志を基準に他人の働きを判定し、「たいしたことはない」とひそかに軽蔑します。人を軽蔑する者は、必ず他人から軽蔑されるものです。

世の中を見回すと、傲慢で無礼で嫌われている人がいます。人に勝つことばかり考えて嫌われている人がいます。相手に多くを求めすぎて嫌われる人がいます。人の悪口を言って嫌われる人がいます。どの場合も、他人と自分を比較する基準が間違っているのです。自分勝手な高い理想を基準にして人に嫌われる原因を作り、終《しま》いには自分から他人を避けるようになり、孤独で苦しい状態に陥るのです。

次代の若者たちよ。他人の仕事を見て物足りないと思うなら、自分でその仕事を引き受けて、試しにやってみるといいのです。他人の商売を見て下手だと思うなら、自分でその商売を試してみたらいいのです。隣の家がだらしない生活をしていると思うなら、自分はしっかりと生活してみなさい。他人が書いた本を批判したいなら、自分で本を書いてみなさい。学者を批判するなら、学者になりなさい。医者に文句を言うのなら、自分で医者になってみなさい。

他人の仕事に口を出すのなら、試しに自分で引き受けてみて、反省すればいいのです。「職業が違うからその立場にはなれない」と言うのであれば、その仕事の難しさと重要性を考えるといいのです。まったく違った世界の仕事であっても、その立場に立って比べてみれば、大きな間違いはありません。

◇

【解説】

独立には形がある独立と、形がない精神の独立の二種類がある、と諭吉《ゆきち》は言います。形がある独立は財産を持って自立することですから、比較的わかりやすいですね。一方精神の独立はそれとは違います。物に支配されると精神の独立が妨げられてしまいますから、注意しましょう。

この章にはもうひとつ「言」と「行」のバランスについても述べています。人の仕事には重要な仕事とそうでない仕事があって、どの仕事につくかは、その人の志によっても違ってくるというんですね。さらに志は高いけれど、それに見合う仕事をしていない人もいます。つまり「言」と「行」のバランスがとれていない人です。そういう人は「めぐりあわせが悪かった」とか「世間が自分を評価しない」など不平不満を言うことが多い、と諭吉は言っています。

要するに口では偉そうなことを言っているのに、行動がともなっていない人です。そういうことをしていると、人に嫌われてしまいます。文句を言う人は、自分でやってみるといいんですね。そうすれば人の苦労がわかって、口先だけの人間にはならなくなります。

【キーセンテンス】

他人の働きに喙《くちばし》を入れんと欲せば、試みに身をその働きの地位に置きて、躬《み》自《みず》から顧みざるべからず

（人の働きに口を出そうとするなら、試しに自分をその働きの立場に置き、そこで反省してみなければいけない）

第一七編　人望と人づきあい

【福澤諭吉からのメッセージ】

人づきあいは大切だから、積極的に友達をつくろう

【本編の要点】

人との付き合いはとても大切である。古い友達だけでなく、新しい友達もつくるべきだ。一〇人と付き合って一人親友ができるなら、二〇人と付き合えば二人親友ができるではないか。人間に生まれたのだから、人間を毛嫌いしてはいけない。見た目をさわやかに、第一印象をよくして、人間関係を広げよう。

〈人望や栄誉の花〉

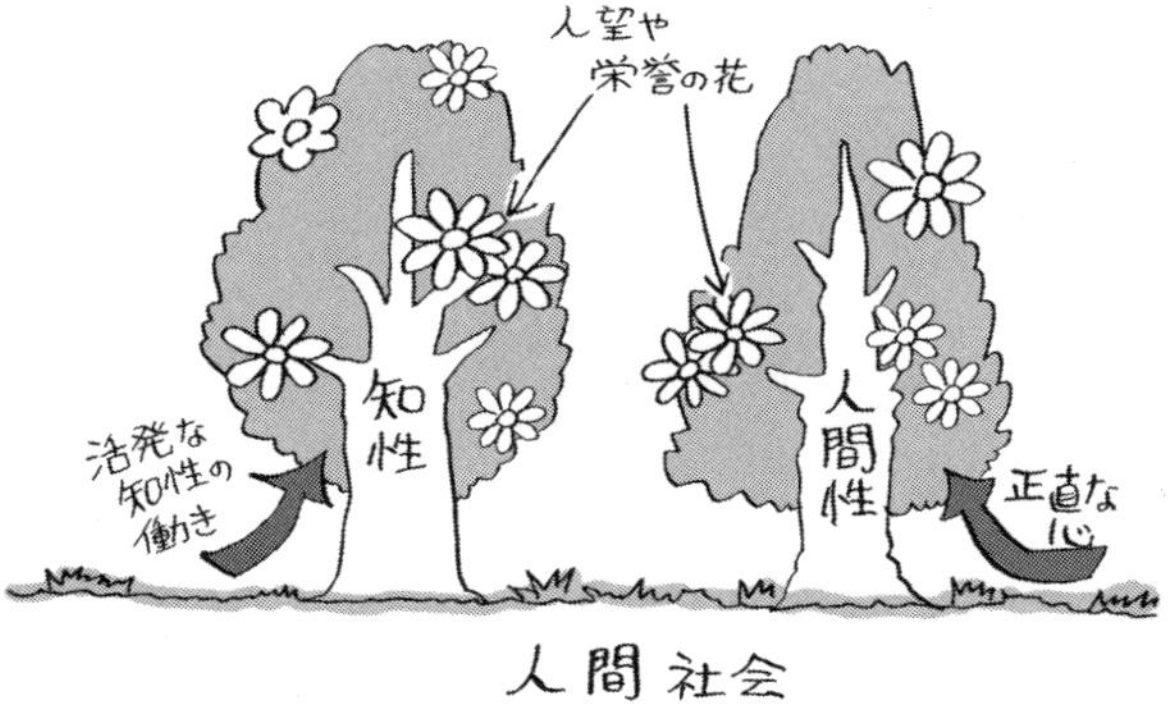

〈正しい自己アピールの方法とは〉

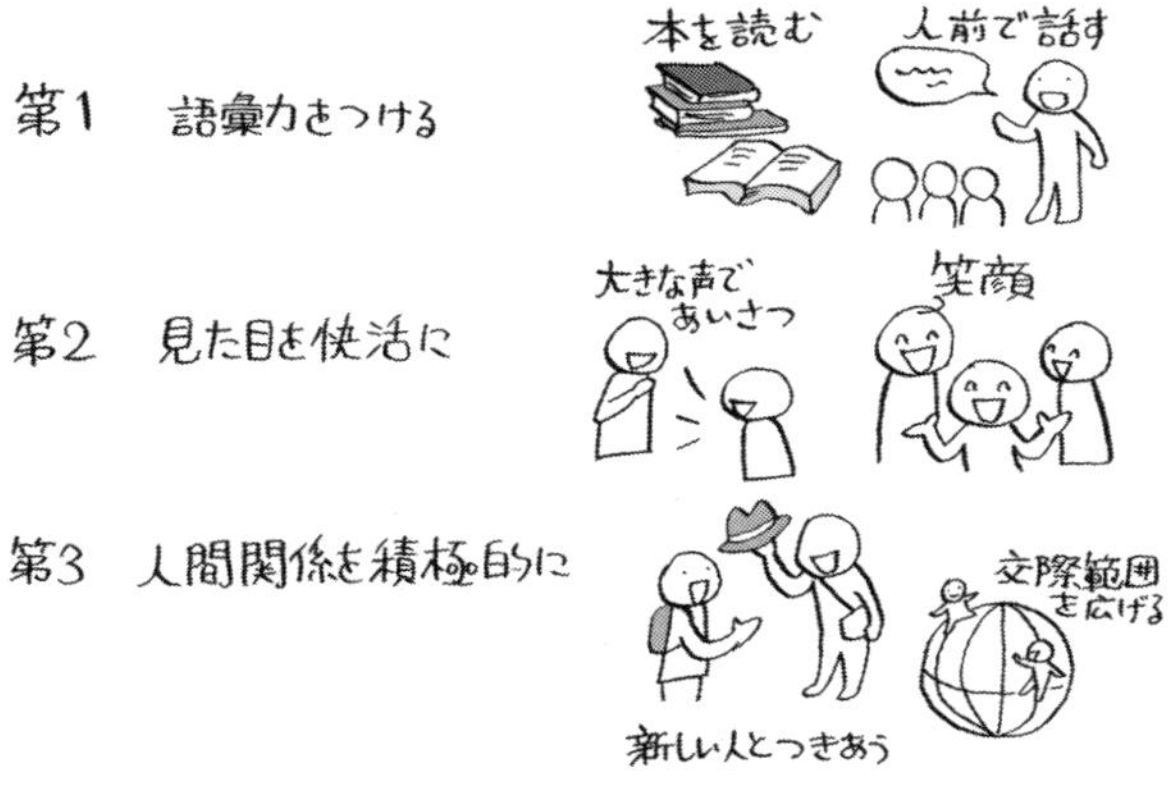

《人望について》

人望があるのは大切なこと

一〇人が一〇人、「あの人は信頼できる頼もしい人物だ。この件を任せても間違いなくやってくれるだろうし、必ず成功するだろう」とその人柄を当てにされ、期待される人を称して**「人望のある人物」**と言います。

世の中では、その程度はいろいろでも、人から当てにされるような人でなければ、何の役にも立ちません。一〇銭の金を持たせて町にお使いに出される者も、一〇銭だけの人望があり、一〇銭分だけは人に当てにされている人物です。

もちろん一〇銭よりも一円、一円よりも一〇〇〇円、一万円のほうが責任は重いのです。ましてや数百万円の元金を集める銀行の支配人、あるいは役所の長官などは、ただ金銭を預かるだけではなく、人々の便宜をはかり、財産や栄誉についても責任を持つ立場にあります。このような重大な任務を任される者は、もともと人望があり、人に当てにされるような人物でなくてはいけません。

大呉服店の品物であれば、そのブランドを信頼して、品質を詳しく調べたりせずに買うでしょうし、大作家の滝沢馬琴《ばきん》の作品であれば、きっと面白いだろうということで、タイトルを聞いただけで本を注文したりします。大呉服店はますます繁盛し、馬琴の作品はますます流行する。人望を得ることが大切だというのは、そういうことです。

試しに富豪と評判の商人の会社の経理部門に飛び込んで、帳簿を全部精算してみると、差し引きで数百数千円が不足するところもあるでしょう。この不足は、財産で言えば大きなマイナスです。その商人は無一文の人よりもさらにずっと下ということになるのに、世の中の人がこの商人を無一文の人のように低く見ないのはなぜでしょうか。

他でもありません。この商人に人望があるからなのです。

人望とは、実際の力量で得られるものではないし、たくさんの財産があるからといって得られるものでもありません。活発な知性と正直な心、この二つの徳でもって、時間をかけて獲得していくものです。

人望や栄誉は努力して求めるべきもの

人望は知性や人間性によってつくられるものですが、世の中には往々にしてその逆の現象が見られることがあります。

藪《やぶ》医者が玄関を立派にして流行《はや》り、薬屋が看板の文字を金色にして宣伝し、イカサマ師の勘定場には空っぽの金庫があり、学者の書斎には読めもしない原書が飾ってあって、人力車に乗っているときは新聞を読んでインテリぶっていながら、家に帰れば昼寝ばかりしている、というような例です。このように**世の中は本物とニセモノ、善と悪が入り混じって、何がいいことで何が悪いことなのかもわからなくなっています。**

そのため見識のある立派な人々の中には、栄誉を求めたりせず、それを虚名ととらえて避けようとする者がいても無理はありません。

しかし、その栄誉については、もう少し深く考えてみる必要があります。

栄誉が本当に虚名であって、医者の玄関や薬屋の看板のようなものだとしたら、これを避けようとするのは当然でしょう。

しかし人間社会はすべて虚構で成り立っているわけではありません。人の知性と人間性は、やがて花が咲く樹木のようなものです。**栄誉や人望は、その樹木に咲いた花です。樹が育って花が開くのを、なぜわざわざ避ける必要があるでしょう。**

栄誉がどんなものかを調べもせずに拒否して切り捨てるのは、せっかく咲いた花を切り取って、何の樹木かわからなくしてしまうようなものです。隠したからと言って、その効用がアップするわけでもありません。むしろ、生きているものを殺すような振る舞いです。世の中への貢献度を考えても、とてもいいこととは言えません。

では、人は栄誉や人望を求めるべきなのでしょうか。

まったくその通りです。努力して求めるべきものです。ただしその際には、相応のバランスをとることが重要です。

あまりに多く見せるのは、世の中にとんでもなく害を与えるので問題ですが、ここではその話は脇に置いておいて、自分の働きを実際以下にしか見せられない人のために、自己アピールの方法を論じましょう。

自己アピールするには語彙力が必要

第一に、言葉について勉強しないといけません。

文字を書いて相手に考えを知らせるのは、もちろんよい方法です。手紙を書いたり、本を書く努力をなおざりにしてはいけませんが、身近な人に自分が思ったことを直ぐに伝えたいとき、言葉以上によい方法はありません。だから、**言葉はできるだけ流暢《りゅうちょう》で活発なものでなくてはなりません。**

最近では演説会が催されることも多いようです。演説会で為になる話を聞くのもメリットですが、言葉を流暢で活発に発する機会でもあり、それは演説者と聴衆の両方にとってメリットとなります。

口下手《くちべた》の人の話を聞くと、語彙《ごい》がとても貧弱で不自由のように思われます。たとえば学校の教師が翻訳書で講義をするときに「円い水晶の玉」という言葉が出てきたとしましょう。口下手な人は、こんなことはわかりきっていると考えているのか、少しも説明しません。ただ難しい顔をして子どもを睨《にら》みつけ、「円い水晶の玉」と言うばかりです。

これではいけません。

もしこの教師が語彙を豊富に持っていて、言い回しの上手《うま》い人であれば、このように解説するのではないでしょうか。「円い、というのは角が取れて団子《だんご》のようになっていることです。水晶とは山から掘り出すガラスのような物で、山梨県あたりでいくらでも産出されます。この水晶で作った、ごろごろ転がる団子のような玉のことです」。こんなふうに話してくれたら、子どもでもきちんと理解できるでしょうに、使っていい言葉を使わず、説明不足になるのは、演説の技術を学んだことがないからです。

学生の中には「日本語は不便にできていて、これでは文章も書けないし、演説もできないから英語で話し、英文を書く」と言い出す馬鹿な者がいます。こんなことを言う人は、日本に生まれながら、いまだに日本語を十分に使ったことがないのでしょう。国の言葉とは、国の事物が増えるに従って、それを表現するために増えてきたものです。決して言葉に不自由などしないものです。

いずれにしろ、**いまの日本人は、いまある日本語を使って、話し上手になるよう勉強する必要があります。**

「人は見た目が大事」というのは本当？

第二に、見た目に気を使い、初対面で嫌な印象を与えないようにしましょう。愛想笑いをし、お世辞ばかり並べて媚《こび》を売るのはよくありませんが、かといって、苦虫を噛《か》み潰《つぶ》し、熊の肝《きも》をすすったような顔をして黙っているのはどうでしょう。笑うのは損だとばかりに、年中胸に痛みがあるかのように、生涯両親の喪に服しているかのようにしているのは、大変よくないことです。

表情や見た目が快活で愉快なのは、人間にとって徳の一つです。人付き合いの上では最も大切なことです。

人の表情は、家で言えば玄関のようなものです。他人と広く交際し、来客をいつでも迎え入れようと思うなら、まず玄関を開けて入り口を掃除し、とにかく訪れやすいようにすることが肝心です。人と付き合いたいと思うのに、和やかな表情を浮かべようと気を使うこともせず、まるでニセ君子でもあるかのように渋い顔をするのは、**戸の入り口に骸骨《がいこつ》をぶら下げて、門前に棺桶《かんおけ》を置いているようなものです。**誰がそんなところに近づくでしょうか。

人の心の働きは、発展させようと思えば発展しないものはありません。手足を使えば筋力が強くなるのと同じです。言葉遣いや表情も人の心身の働きであるからには、放っておいて上達することはありません。**学習や練習が必要です。**それなのに昔から日本ではこの大切な心の働きに注意も払わず、どうにかしようと思いもしなかったのは間違いだったのではないでしょうか。

私はなにも言語・表情の学問の確立を望んでいるわけではありませんが、**言葉遣いや表情は人間の徳の一つでもあるので、大事に考え、常に心にとめて忘れないようにしてほしいと思っているのです。**

虚飾は弊害であって、本質ではない

また次のように言う人もいるでしょう。

「表情を快くするのは、表面を飾ることだ。表面を飾ることが人付き合いにおいて大事だとすると、表情だけでなく、衣服も飾り、飲食も見栄《みえ》をはり、気に食わない客も招いて分不相応のご馳走《ちそう》をするべきだと言っているようなものではないか。それでは、虚飾でもって他人と交際するという弊害があるのではないか」と。

この発言には一理あるように思えますが、虚飾というのは人付き合いの弊害であり、本質（根本的な性質）ではありません。

そもそも物事の弊害とは、その本質とは正反対になるものが多いのです。『論語』に「過ぎたるはなおおよばざるがごとし」という言葉がありますが、これは弊害と本質が相反するものだということを評したものです。

たとえば食べ物は身体を養うものですが、食べ過ぎればかえって身体を害してしまうようなものです。栄養は食物の本質であり、食べ過ぎはその弊害です。弊害と本質は相反するのです。

ということであれば、**人間の交際の本質は、仲良く付き合うことにあります。**仲良く付き合うために表情を和らげたほうがいいというのは、本質について述べたことです。一方虚飾に流れるのは、交際の本質ではなく弊害です。本質と弊害は正反対のものであり、一緒にしてはいけません。

世の中に夫婦や親子ほど親しい仲はありません。そこにはただ仲良く素直な真心があるだけです。表面上の虚飾を退け、払い、掃除しつくして、初めてこのように仲良くなれるのです。

ならば**人付き合いに大事なのは仲良く素直な真心**であって、虚飾とは相容《あいい》れないものです。もちろん、人々に向かってみんなが親子、夫婦のように交際してほしいと言っているのではありません。目指すべき方向性を示しただけです。

人を毛嫌いしてはいけない

第三に、人と交際しようと思うなら、旧友との付き合いを大事にするだけでなく、新しい友達も求めるべきです。人は直接会わなければ、お互いの思いをちゃんと伝え合えません。思いを伝え合わなければ、その人物について知ることはできません。

考えてもみましょう。偶然に会った人と生涯の親友になった人もいます。**一〇人と会って偶然ひとり親友ができるのなら、二〇人と会えば二人の親友ができるでしょう。**人との付き合いは、たいていこういうことが発端になるものです。

人は鬼でも蛇《じゃ》でもありません。わざわざ人を害してやろうという悪い人間はいないものです。恐れたり遠慮したりしないで、自分の心をさらけ出し、たまたま出会った人とも仲良くしましょう。

交際の範囲を広くするには、さまざまなことに関心を持ち、いろいろなことにチャレンジしてひとところに偏らず、多方面で人と接することです。学問を通じて交際する者もいれば、商売を通じて友人関係を築く者もいます。ある者には書画の友がいて、ある者には囲碁・将棋の相手がいます。放蕩《ほうとう》のような悪いことでなければ、どんなことも友人をつくるチャンスになります。

技術的なことは苦手という人は、食事を一緒にするのでもいいし、お茶を飲むのもいいでしょう。身体が丈夫なら、腕相撲《うでずもう》や枕引き、脚相撲などもお互いに打ち解ける役に立ち、交際のきっかけになるものです。

腕相撲と学問では世界が違って、とても付き合えないように思うかもしれませんが、世界は広く、人間同士の交際はさまざまなので、案外気が合ったりするものです。**人間のくせに、むやみに人間を毛嫌いしてはいけません。**

◇

【解説】

『学問のすすめ』の最後で諭吉《ゆきち》は人付き合いの大切さについて述べています。人望がない人は何もできません。人望をつくるには活発な知性と正直な心が必要だと諭吉は言っています。いくらお金があっても、人望は買えないんですね。

それからたくさんの人と付き合うことも大事です。同級生や同業者、仲良しの友達だけでまとまらないで、積極的に新しい友達をつくるほうがいいのです。そのためには初対面の印象も大切です。『人は見た目が9割』という本もありましたが、とにかく第一印象で嫌われてしまったら、友達になりようがありません。

言葉を上手に使って自己アピールをしたり、さわやかな雰囲気を心がけたりしましょう。「不機嫌な顔をしているのは家の前に骸骨をぶら下げたり、棺桶を置くのと同じようだ」と諭吉は言っていますよ。

ラストの第一七編を「人間嫌いはおかしいよ」というメッセージでしめくくったところに、諭吉の思いがこめられています。

【キーセンテンス】

人にして人を毛《け》嫌《ぎら》いするなかれ

（人間のくせに人間を毛嫌いするのはよくない）

おわりに

福澤諭吉《ふくざわゆきち》はたんに一万円札に印刷されているだけの人ではありません。日本において、一万円札になるだけのことをした偉大な人なのです。

彼は世界の中における日本の立ち位置というものを真剣に考えました。日本が幕府に代わる新しいシステムをつくって、国として独立してやっていくには何が必要なのか。いろいろ考えた末、慶應義塾をつくったんです。そして、「まずは自分が勉強して、ちゃんと独立した人間になる。そうすれば国も独立するんだ」「いまはみんなが自由で平等なんだから、人に対して卑屈にならずに自分の考えを堂々と言っていい。人とうまく付き合い、朗らかにやっていこう。演説も上手になろう」など、いろいろなメッセージを若い塾生に送ったんです。

慶應義塾は塾ですが、この時代は小学生や中学生ではなく、もう少し年齢の高い人が学んでいました。卒業後は学者になる人もいましたが、福澤諭吉はぜひとも実業の世界で頑張ってほしいという思いを込めて塾をつくったんですね。

実業とは「ビジネス」と言い換えてもいいのですが、事業を起こし、どんどん規模を大きくして世界と取引することです。彼には、実際の社会で役に立つ人材を育てたいという強い思いがありました。この塾が母体となり、いまの慶應義塾大学になるわけです。

みなさんには、福澤諭吉の人柄についても深く理解してほしいと思います。福澤諭吉はとてもオープンで、カラリとした性格の人でした。あまりぐちゃぐちゃ言わないで、すっきりものを言ってしまいます。だめなものはだめだし、いいものはいい。とても気楽な感じの人で、語り口は熱いんですが、うっとうしさはありません。そういう面白さ、すっきりさ加減も福澤諭吉の魅力だということを知っておいていただきたいと思います。

いま、みなさんは一八歳になれば選挙に行けますし、グローバル化やインターネットによって世界中とも直接つながれます。ＩＴ化も進んで、世の中の暮らしがどんどん変わっていきます。みなさんも、いままで使っていた携帯電話があっという間にスマホに変わってしまった経験をしていますよね。そういうことがこれからどんどん起きるでしょう。

さらには仕事のあり方も激変していきます。いままであった仕事がなくなっていく一方で、新しい仕事ができていきます。世界中でそういう波が起こっているわけです。

こういう流れに対応していくには柔らかさや適応力が必要だと思います。時代の変化に対して「自分は変わりたくない。古いものでいいんだ」という態度では生き残っていけません。「みんな、新しい時代への対応の仕方を覚えようよ」と福澤諭吉は明治五年の時点で断言しているんです。

明治五年といえば、まだちょんまげを載せている人もいたと思うんです。つい五年前は江戸時代だったことを考えると、ほんとうに福澤諭吉の先を見る目はすごいですよね。社会はいまなお、福澤諭吉が示した方向に進んでいます。

そう考えると『学問のすすめ』は、日本人が読まなければいけないナンバーワンの必読書なのではないかなと思います。この本を読んで、私たちは活気ある自由な社会、楽しい社会をつくっていきましょう。

なお、本文には現代の常識からすると差別的と捉えられる表現も含んでいます。当時の福澤の勢いある考えを伝えるために残しましたことを、どうかご了承下さい。またキーセンテンスの箇所は『学問のすゝめ』（岩波文庫、一九七八年改版）を底本としました。

二〇一七年七月

齋藤孝

ちくまプリマー新書

052 話し上手 聞き上手 齋藤孝

人間関係を上手に構築するためには、コミュニケーションの技術が欠かせない。要約、朗読、プレゼンテーションなどの課題を通じて、会話に必要な能力を鍛えよう。

076 読み上手 書き上手 齋藤孝

入試や就職はもちろん、人生の様々な局面で読み書きの能力は重視される。本の読み方、問いの立て方、国語の入試問題などを例に、その能力を鍛えるコツを伝授する。

153 からだ上手 こころ上手 齋藤孝

「上手」シリーズ完結編！「こころ」を強くし、「からだ」を整える。さらにコミュニケーション能力が高くなる「〝対人体温〟をあげる」コツを著者が伝授します。

263 新聞力――できる人はこう読んでいる 齋藤孝

記事を切り取り、書きこみ、まとめる。身体ごとで読めば社会を生き抜く力、新聞力がついてくる。効果的なメソッドを通して、グローバル時代の教養を身につけよう。

256 国家を考えてみよう 橋本治

国家は国民のものなのに、考えるのは難しい。日本の国の歴史をたどりつつ、考えることを難しくしている理由を探る。考え学び続けることの大切さを伝える。

ちくまプリマー新書

ちくまプリマー新書

170 孔子はこう考えた　山田史生

「自分はなにがしたくて、なにができるのか」――そんな不安にも『論語』はゆるりと寄り添ってくれる。若い人に向けた、一番易しい『論語』入門。

216 古典を読んでみましょう　橋本治

古典は、とっつきづらくて分かりにくいものと思われがちだ。でも、どれもがふんぞり返って立派なものでもない。さまざまな作品をとり上げ、その魅力に迫る。

210 気ままに漢詩キブン　足立幸代編著　三上英司監修

「難しくてよくわからない」と敬遠されがちな漢詩。そんな漢詩のおもしろさを、現代的なキャッチコピー・感性豊かな現代語訳・親しみやすいイラストで紹介する。

168 平安文学でわかる恋の法則　高木和子

告白されても、すぐに好きって言っちゃいけない？　切ない恋にあっさり死んじゃう？　複数の妻に通い婚？　老いも若きも波瀾万丈、深くて切ない平安文学案内。

093 受験生のための一夜漬け漢文教室　山田史生

「漢文？　パス！」という多くの受験生に送る苦手克服の虎の巻。漢文は日本語だという基本をおさえれば、センター試験レベルなら一晩で楽勝。効果絶大の個人授業。

ちくまプリマー新書

186 コミュニケーションを学ぶ　高田明典

コミュニケーションは学んで至る「技術」である。状況や目的、相手を考慮した各種テクニックを解説し、スキルを身につけ精神を理解するための実践的入門書。

260 文学部で読む日本国憲法　長谷川櫂

憲法を読んでみよう。「法律」としてではなく、私たちがふだん使っている「日本語の文章」として。綴られた言葉は現代を生きる私たちになにを語りかけるだろうか。

148 ニーチェはこう考えた　石川輝吉

熱くてグサリとくる言葉の人、ニーチェ。だが、もともとは、うじうじくよくよ悩むひ弱な青年だった。現実の「どうしようもなさ」と格闘するニーチェ像がいま甦る。

048 ブッダ——大人になる道　アルボムッレ・スマナサーラ

ブッダが唱えた原始仏教の言葉は、合理的でとってもクール。日常生活に役立つアドバイスが、たくさん詰まっています。今日から実践して、充実した毎日を生きよう。

082 古代から来た未来人 折口信夫　中沢新一

古代を実感することを通して、日本人の心の奥底を開示した稀有な思想家・折口信夫。若い頃から彼の文章に惹かれてきた著者が、その未来的な思想を鮮やかに描き出す。

chikuma primer shinsho

ちくまプリマー新書284

13歳《さい》からの「学問《がくもん》のすすめ」

二〇一七年九月十日　初版第一刷発行

著者　福澤諭吉（ふくざわ・ゆきち）
訳／解説　齋藤孝（さいとう・たかし）
装幀　クラフト・エヴィング商會
発行者　山野浩一
発行所　株式会社筑摩書房
東京都台東区蔵前二-五-三　〒一一一-八七五五
振替〇〇一六〇-八-四一二三
印刷・製本　中央精版印刷株式会社

ISBN978-4-480-68986-3 C0212 Printed in Japan

乱丁・落丁本の場合は、左記宛にご送付ください。
送料小社負担でお取り替えいたします。
ご注文・お問い合わせも左記へお願いします。
〒三三一-八五〇七　さいたま市北区櫛引町二-六〇四
筑摩書房サービスセンター　電話〇四八-六五一-〇〇五三